労働組合やめろって警察に言われたんだけどそれってどうなの

(憲法28条があるのに…)

連帯ユニオン◉編

葛西映子・北 健一・小谷野 毅・宮里邦雄
熊沢 誠・海渡雄一・鎌田 慧・竹信三恵子

旬報社

勤労者の団結する権利及び
団体交渉その他の団体行動をする権利は、
これを保障する。

日本国憲法　28条

関生支部の組合員のオンちゃんです
妻のユニちゃんです
某日
逮捕勾留中のオンちゃんにやっと面会できました
私は弁護士です
オンちゃん！大丈夫なの？
ユニちゃん心配かけてごめんね・・
ひゃ
ごめんじゃないわよ!!
恐喝未遂だなんて！
イケイケどんどんの労働組合になんて入るから
こんなことになるのよ

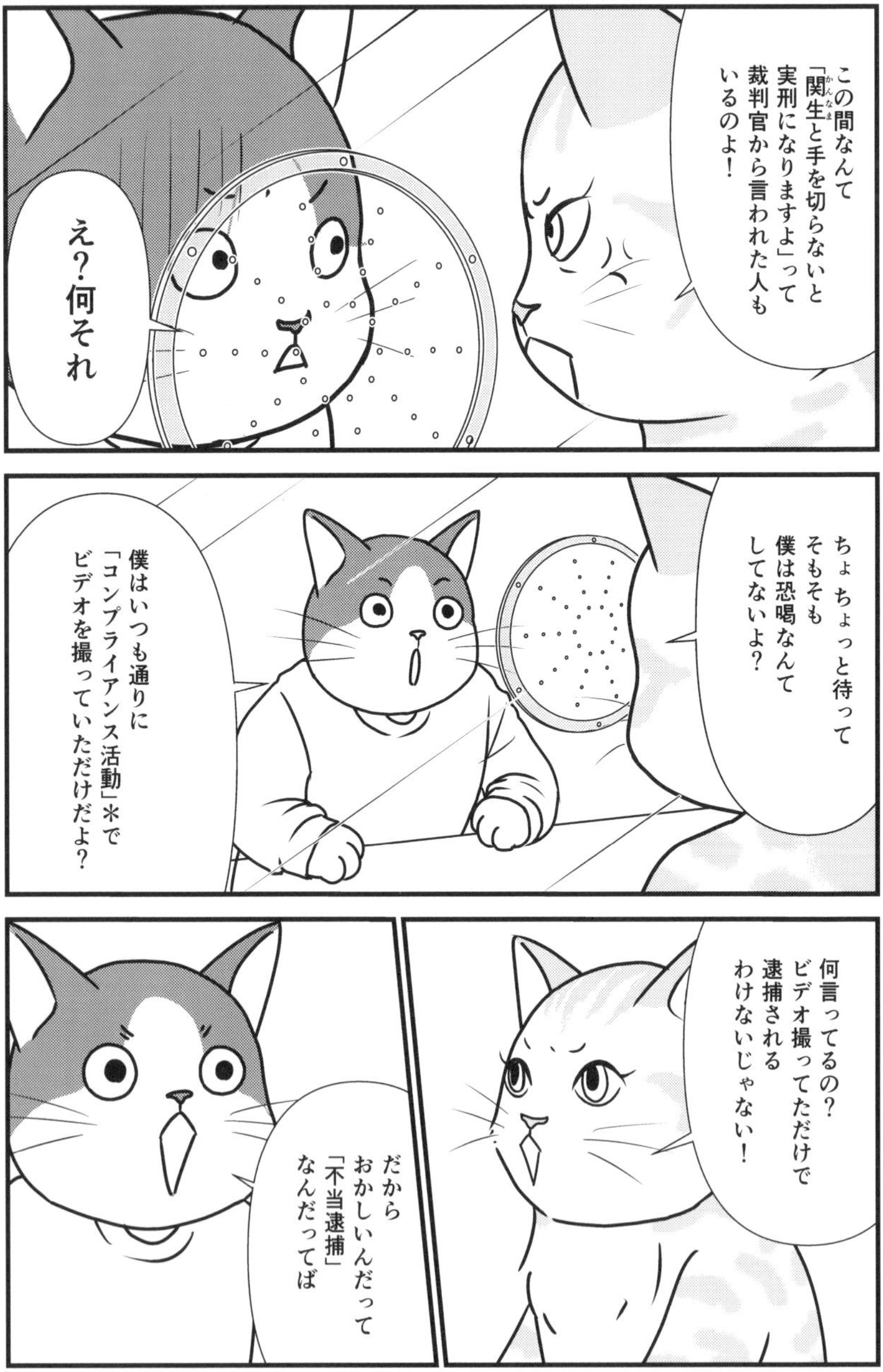
この間なんて「関生《かんなま》と手を切らないと実刑になりますよ」って裁判官から言われた人もいるのよ！

え？何それ
ちょ ちょっと待って そもそも 僕は恐喝なんて してないよ？

僕はいつも通りに「コンプライアンス活動」＊でビデオを撮っていただけだよ？

何言ってるの？ビデオ撮ってただけで逮捕される わけないじゃない！

だから おかしいんだって「不当逮捕」なんだってば

＊「コンプライアンス活動」とは法令違反のチェック、公正な企業活動の実現、組織化などのための活動

でもニュースで「大変なことになりますよ」って言って会社の人を脅したって言ってたわよ
関西地区生コン支部
武容疑者（大阪市内の商社の男性に対し）
「大変なことになりますよ」などと脅迫
組合加盟業者と生コン調達契約 要求か
準大手ゼネコンに恐喝未遂、生コン組合幹部ら事情聴取
工事現場で繰り返しクレームつけ圧力
関西生コンのトップを逮捕 滋賀の生コン業者
約断った商社に「大変なことになりますよ」
清涼飲料水メーカーの倉庫建設工事にからみ同支部幹部や湖東生コン協同組合幹部らと共謀し生コンクリート調達を担う大阪市内の商社の男性支店長に対し、湖東生コン協同組合の加盟業者と契約を結ぶよう要求。
断られたため「大変なことになりますよ」などと複数回、脅して契約させようとしたとしている。
関西生コン
トップ逮捕
幹部2人も
えーなにそれ外ではどういう話になってるの？

出展：（上）NHK総合テレビジョン
（中）産経WEB
（下）産経新聞

警察バージョン
「大変なことになりますよ」

大手ゼネコン・F田の
新名神高速道路
美濃山インターの工事現場
キィー
ドャドャ
関生さまのコンプライアンス活動がきたで〜!
このカラーコーン道路使用許可ないやんけ!
囲いが境界こえとるで!一センチやけどな!
おうおうおう どないなってん おまえとこの現場は!

＊「アウト業者」生コン協同組合に加盟していない業者

大変なことになりますよ…
こういうことじゃないの?
全然違う———!!!

そもそも現場に武さんいないし！
「大変なことになりますよ」って
言ったの労働組合の人でもないし
意味も違うよ〜
えーじゃあ実際はどうだったの？

実録バージョン「大変なことになりますよ」

――2017年
この日も僕たちは
いつも通りの
コンプライアンス活動を
していました
今日は美濃山付近を回ろうか
了解

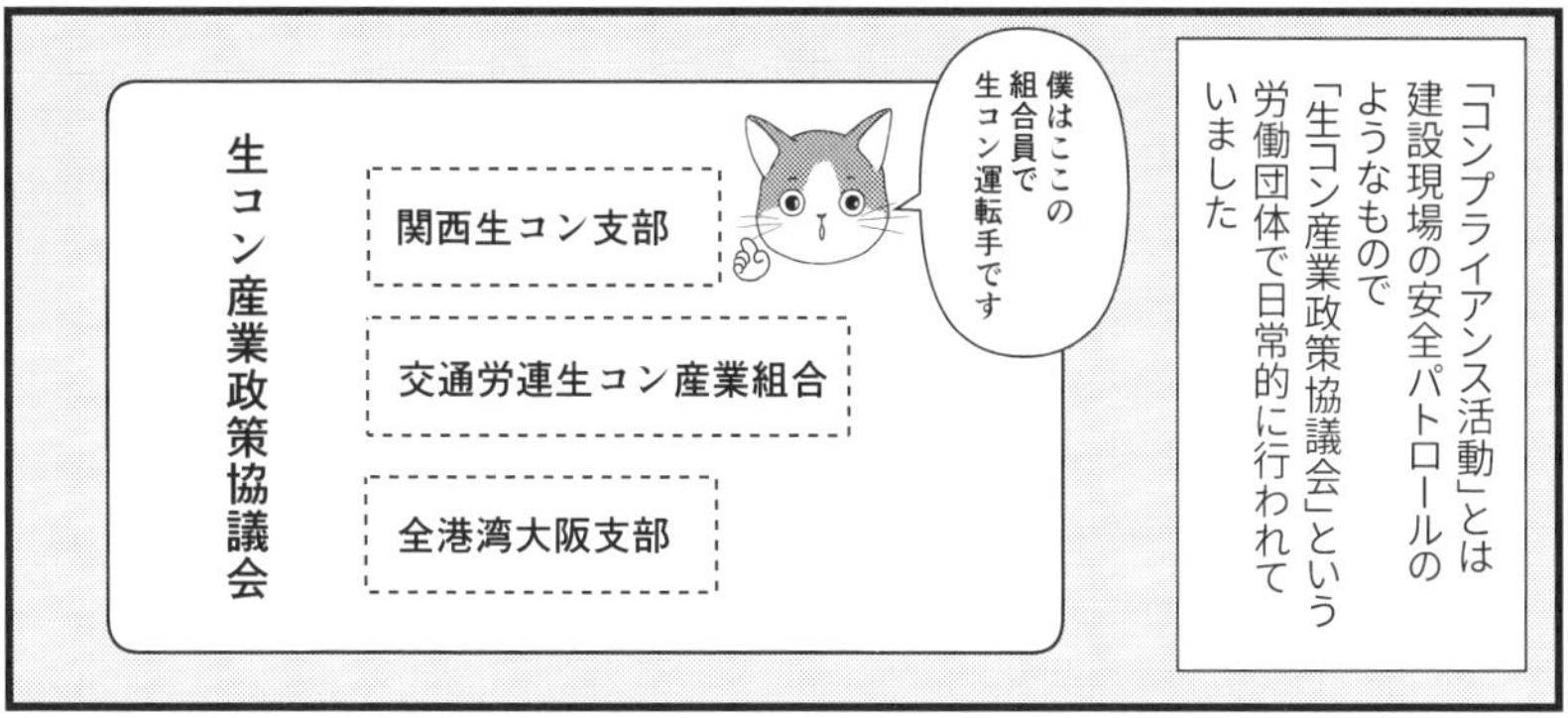
「コンプライアンス活動」とは
建設現場の安全パトロールの
ようなもので
「生コン産業政策協議会」という
労働団体で日常的に行われて
いました
僕はここの組合員で生コン運転手です
生コン産業政策協議会
関西生コン支部
交通労連生コン産業組合
全港湾大阪支部

僕たちは仕事をしながら時間を作り3人一組でチームを組んで毎日近畿2府4県の建設現場を大小民間公共問わずにランダムに巡回していました
あ！
道路にタイヤ痕があるねこの先の現場かな行ってみようか
ここもそのうちの一つでした
あ〜現場から出た汚水で側溝が詰まって溢れてるわ
問題だね声かけよう
すみませんわれわれは生コン産業政策協議会と言いまして建設現場のコンプライアンス啓蒙活動をしています
あ、はい
現場監督さんはおられますか？

道路が汚れていたり 汚水が垂れ流しに なってますよ これ良いんですかね？
あ！ いや すみません…
こういった感じで 責任者に確認してもらい 記録をとり
もしもし
問題が見つかると 警察や行政 または工事の発注者に 電話で連絡 然るべき指導をして もらっていました
こんな感じで 僕は記録係で ビデオ撮ってた だけだよ
何それ！
仕事終わっても 早く帰らずに 一銭にもならない こんなボランティア みたいなことして 逮捕されたの？
えっ？ そこ？
いやボランティアっていうか 組合活動だし こうやって協議会で パトロールすることで 現場での事故を未然に 防いでたんだよ
…え〜 でもそしたら 「大変なことになりますよ」 はどうなっちゃってるのよ

それはですね
旦那さんたちの
話ではないんですよ
2017年3月10日
F田大阪支店の会議室
この日は生コン業者団体の
湖東生コン協同組合が
営業に出かけていました
F田の次長さん
F田の支店長さん
営業担当
湖東生コン協同組合
副理事長
「湖東生コン協同組合」
って何です？
滋賀県湖東地域の
生コン業者が
加盟する団体です
F田は協同組合に
加盟していない
安売り業者（通称アウト業者）
から生コンを
購入していたので
協同組合が組合から
購入してもらうよう
営業に行っていました
安いよ！
アウト業者
安心安全
だよ！
湖東生コン協同組合
（１０社が加盟）
F田
こっちから
買う

F田さん生コンは協同組合から買ってくださいませんか？
協同組合は価格がね〜
でも安いほうから買うのはフツーじゃない？
いえ協同組合から購入してもらうことは業界全体の値崩れを防いだり品質確保をする上で重要なことなんです
コンクリ崩落 計200キロ
運輸省 3社に点検
建設直後からひび割れか
2019年度
適
全国生コンクリート品質管理監査会議
以前生コンは価格競争の末に水増しした粗悪品の「シャブコン」というモノが出回って大きな社会問題になりました
その反省から協同組合や「マル適マーク」という監査制度を作ったんですが—
購入予定のアウト業者は「マル適マーク」を二度もはく奪されてますよ
それに協同組合からなら複数の業者が加盟しているので何かトラブルがあっても代納＊ができるし品質保証制度もありますし
でも価格は何ともならんのやろ？——ほんならまあ今日のところはこの辺で
がっかり…
…そうですか
出典：朝日新聞1999年6月29日、10月9日、12日、22日

＊代納
ひとつの工場が不具合で出荷できないときは他の工場から代わりに納入すること

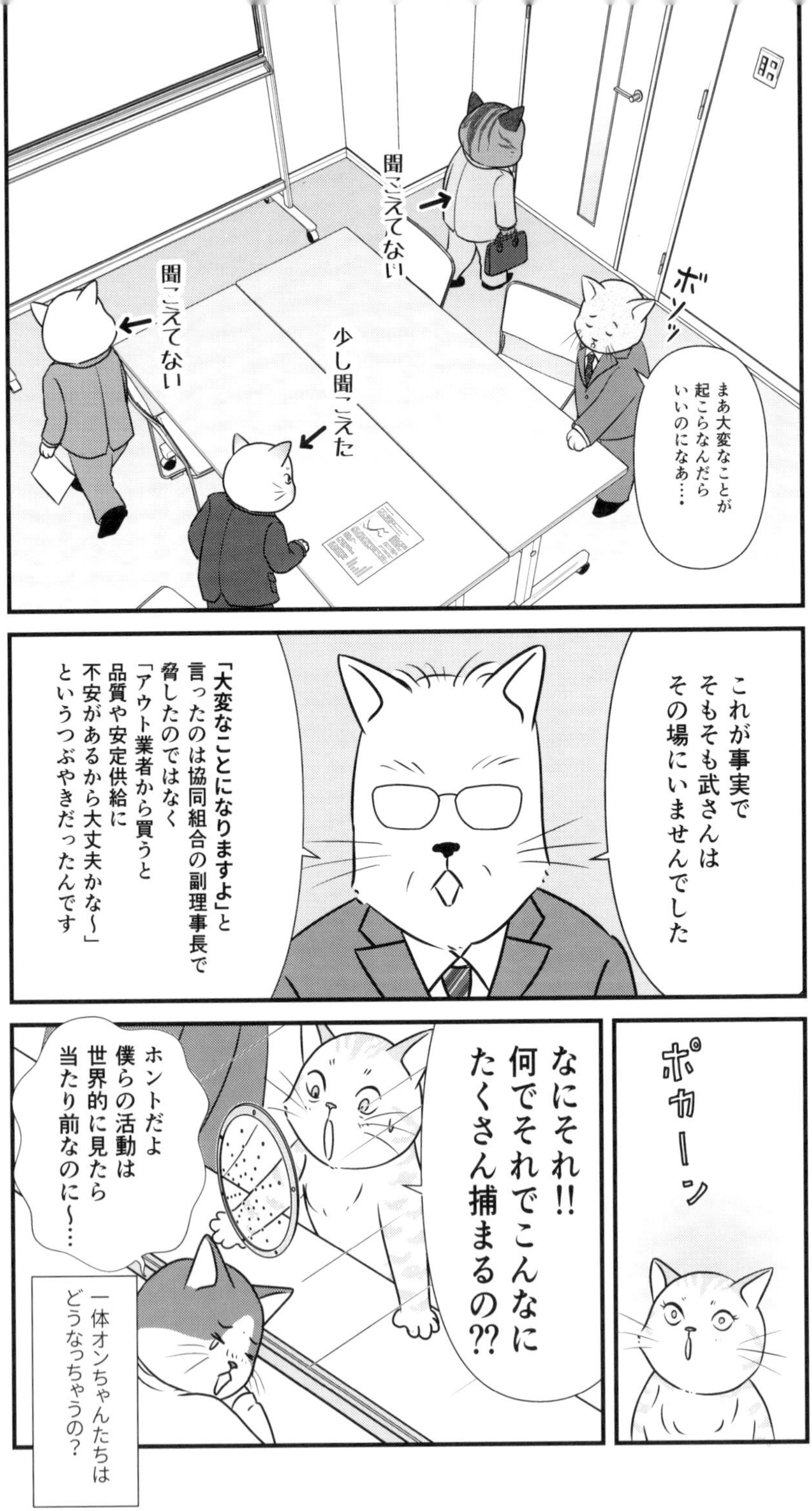
ボソッ
まあ大変なことが起こらなんだらいいのになぁ….
聞こえてない
少し聞こえた
聞こえてない
これが事実で そもそも武さんは その場にいませんでした
「大変なことになりますよ」と言ったのは協同組合の副理事長で脅したのではなく「アウト業者から買うと品質や安定供給に不安があるから大丈夫かな〜」というつぶやきだったんです
ポカーン
なにそれ!! 何でそれでこんなにたくさん捕まるの??
ホントだよ 僕らの活動は世界的に見たら当たり前なのに〜….
一体オンちゃんたちはどうなっちゃうの?

おまけ

連帯パイセンの
世界の労働組合活動ワンポイント・レッスン！

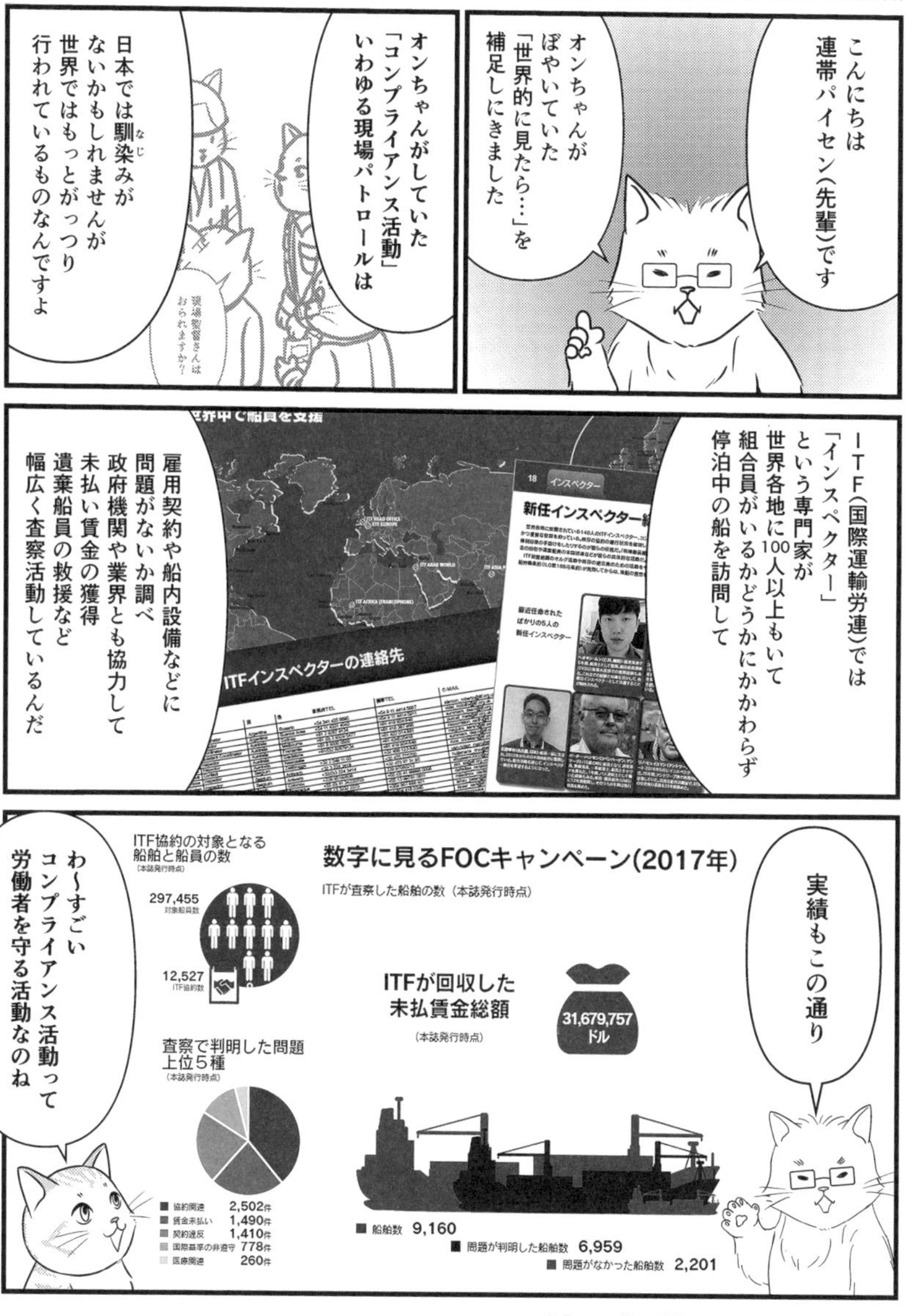

こんにちは
連帯パイセン(先輩)です
オンちゃんが
ぼやいていた
「世界的に見たら…」を
補足しにきました
オンちゃんがしていた
「コンプライアンス活動」
いわゆる現場パトロールは
日本では馴染《なじ》みが
ないかもしれませんが
世界ではもっとがっつり
行われているものなんですよ
現場監督さんは
おられますか!?
ITF(国際運輸労連)では
「インスペクター」
という専門家が
世界各地に100人以上もいて
組合員がいるかどうかにかかわらず
停泊中の船を訪問して
雇用契約や船内設備などに
問題がないか調べ
政府機関や業界とも協力して
未払い賃金の獲得
遺棄船員の救援など
幅広く査察活動しているんだ
インスペクター
ITFインスペクターの連絡先
実績もこの通り
わ～すごい
コンプライアンス活動って
労働者を守る活動なのね
数字に見るFOCキャンペーン(2017年)
ITFが査察した船舶の数（本誌発行時点）
ITF協約の対象となる
船舶と船員の数
(本誌発行時点)
297,455
対象船員数
12,527
ITF協約数
ITFが回収した
未払賃金総額
(本誌発行時点)
31,679,757
ドル
査察で判明した問題
上位5種
(本誌発行時点)
協約関連 2,502件
賃金未払い 1,490件
契約違反 1,410件
国際基準の非遵守 778件
医療関連 260件
船舶数 9,160
問題が判明した船舶数 6,959
問題がなかった船舶数 2,201

出典：ITF機関誌「シーフェアーズブルテン」
（図の位置を一部改変）

労働組合の団体交渉その他の行為であって、労働者の地位向上や労働条件向上などの目的を達成するためにした正当なものについては刑法第35条（正当な業務による行為は罰しない）を適用する。

（要旨）

労働組合法　1条2項

労働組合やめろって警察に言われたんだけど
それってどうなの？（憲法28条があるのに…）

◎目次

I 関西生コン事件――誰得《だれとく》？ 21

警察のストーリーを検証する
――私もだまされた⁉ 北 健一 22

1 「大変なことになりますよ」の意味――フジタ事件 25
2 自作自演の「業務妨害」――宇部三菱SS・中央大阪生コン事件 48
3 正社員化求めるのが「罪」――加茂生コン事件 56
4 ほんとうに「大変なこと」 64

「関西生コン事件」とはなにか
――歴史的な弾圧の背景にあるもの

66

小谷野 毅

1 「労組壊滅作戦」 66
2 どのような組合活動が事件とされているのか 74
3 労組壊滅作戦の実態 86
4 「関西生コン事件」の本質はなにか 94

II なぜ私たちは関西生コンを支援するのか

101

労働基本権保障への挑戦
——労働運動への権力弾圧
宮里邦雄 102

この労働組合つぶしは何を意味するか
——関西生コン支部弾圧の現場から
熊沢誠 109

労働運動への共謀罪型弾圧に対して国際的なネットワークで反撃する!
海渡雄一 118

組合活動に対する信じがたい刑事弾圧を見過ごすことはできない
関西生コン事件についての労働法学会有志声明 142

共謀罪のリハーサル⁉　ストライキしたら逮捕⁉
全日本建設運輸連帯労働組合関西地区生コン支部弾圧事件　弁護士共同アピール 146

民主主義の危機です！
連帯ユニオン関生支部への大弾圧に反対する自治体議員の声明 151

特別対談
関西生コン弾圧はなぜ起きたのか？
希薄化する働く人の権利意識
鎌田 慧×竹信三恵子 156

I

関西生コン事件——誰得《だれとく》？

警察のストーリーを検証する
——私もだまされた⁉

北　健一

警察の仕事は犯罪の取り締まり（を通じた社会秩序の維持）だ。だから警察に捕まる人は何か悪いこと、法律にふれることをしていたのだろう。まして取り調べの結果、起訴されて被告席に座る人は、悪いことをしたに違いない——。

日本では、そんな考えを多くの人が持っている。法律に詳しくない一般市民だけではない。検事も裁判官も、権力をチェックするはずのマスコミでさえ、「捕まるからには何か悪いことをしたのだろう」と思い込む。

逮捕されたからには有罪だろうという考えは「推定有罪」と呼ばれる。実は、憲法と刑事訴訟法にもとづく刑事司法は正反対の立場、「推定無罪」の原則に立っている。

きちんとした裁判をしなければ、被告人が有罪か無罪かはわからない。だから有罪判決が確定するまでは無罪かもしれないと考えよう。判決の前に犯人のレッテルを貼って制裁を加えるようなことは慎もう。有罪か無罪か疑わしい時は、被告人の利益になるように扱い、無罪にしよう。そうでないと、無実の人を罰する冤罪という大問題が起きてしまう。

憲法や刑事訴訟法から導かれる刑事裁判は、そんなイメージになる。だが、そうした理念と実際はかなり違う。推定有罪、「罪」を認めるまで拘束を解こうとしない（自由を奪うことで捜査当局に都合のいい自白を得ようとする）人質司法、逮捕や勾留を安直に認め、刑事事件の九九・九％で有罪判決を書いて平気な裁判官。「中世のようだ」とも評される刑事司法が物議をかもしたのが、カルロス・ゴーン日産会長を金融証券取引法違反、特別背任などで二〇一八年一一月から四度逮捕、起訴した日産・ゴーン事件だった。

西川廣人日産社長らとゴーン会長（逮捕後、解任）らとの経営権争いに東京地検特捜部が介入したこと、逮捕を繰り返し起訴した後も身柄拘留を一〇八日間も続けたことなどが国際的批判を浴びた。無罪推定を受けるべき市民が、有罪判決もないまま一〇〇日以上も自由を奪われるのは国際的にみて異様なことなのだ。裁判所が保釈を認めた後、ゴーン氏は二〇一九年一二月末に、レバノンに逃亡し大騒ぎになった。彼の国外逃亡に共感はわかないが、その背景に人質司法があることは否定し難い。

「逮捕されたのだから観念して、素直に罪を認めるべきだ。洗いざらい話せば釈放してもらえるだろう」と思うかもしれない。だが、警察がいつも正しいとは限らない。厚生労働省の元局長・村木厚子氏は二〇〇九年の郵便不正事件で大阪地検特捜部に逮捕、起訴されたが、無罪判決が確定した。その後、主任検察官が証拠を改ざんしていた事実まで発覚した。村木さんは無実なのに、勾留は一六四日に及んだ。

無実の人でも、判決なしに長期間自由を奪えてしまう。それが人質司法の怖さだ。厚労省幹部だった村木さんは、起訴後休職扱いになり、無罪判決を得て厚労省に戻ることができた。その後、事務次官に昇格もした。残念ながらそれは、かなり恵まれたケースだ。逮捕や起訴を機に勤務先を解雇されたり、経営者、自営業者の場合は店や工場がつぶれる例はめずらしくない。家庭が壊れることもある。だから、やってもないことを供述する人が後を絶たず、冤罪がなくならない。

ゴーン氏や村木氏の例だけではない。他のさまざまな刑事事件にも影を落としている。日産会長や厚労省幹部といった強い立場のない庶民にこそ、人質司法の弊害はより深刻だ。本書が取り上げる連帯ユニオン関西地区生コン支部の組合員らへの逮捕、起訴もその一つといえる。逮捕されたのは組合員を中心にのべ八九人、起訴されたのはのべ七一人に及ぶ（二〇二〇年一月末日現在）。米軍占領下のレッド・パージ（朝鮮戦争を前にした共産党やその支持者らへの弾圧）を除くと、戦後最大級の労働組合員に対する逮捕・起訴である。最初の逮捕は二〇一八年七月だから、身柄拘束は一〇八日どころではない。二〇年一月現在、逮捕から一年半近く、家族と引き離され身柄を拘束されている人もいる。判決の前に懲役刑を執行されているかのようだ。

これだけで、「不当な組合弾圧は許せない」と考える人には、以下の説明は蛇足かもしれない。だが、逮捕、起訴されるからには何か悪いことをしてしまったのではないか。そこまでは思わなくても、組合（関生《かんなま》支部）の側も何か行き過ぎや問題があったのかもしれない、と思う人もいるだろう。筆者自身もそうだった。そういう目線も考慮しながら、――労働組合についての価値観、考え方は別稿に譲り、本稿では極力、「事件」に関わる客観的事実に徹することで――生コン業者の営業活動が恐喝未遂とされたフジタ事件、ストの際の説得行動が威力業務妨害とされた宇部三菱・中央大阪生コン事件、正社員化要求が罪に問われた加茂生コン事件に即し、この間の公判の進展や関係者への取材にもとづきながら、この逮捕、起訴について考える材料を提供したい。

1 「大変なことになりますよ」の意味 ――フジタ事件

産経新聞の報道

関西生コン事件で、組合員らの逮捕が始まった最初の「事件」の起訴状では、「大変なことになりますよ」が、捜査当局側の物語のキーワードになっている。協同組合から生コンを買わずに、協同組合に入っていないアウトサイダーの業者（アウト業者）から買ったゼネコンに対して、協同組合側がそう言って脅したというのだ。

二〇一八年八月二八日、産経新聞はネット版で「関西生コンのトップを逮捕　滋賀の生コン業者の

恐喝未遂事件　契約断った商社に『大変なことになりますよ』」の見出しで、数時間前に起きた武委員長の逮捕を大きく報じた。見出しの下には、逮捕される武氏の写真。

記事にはこうある。

「準大手ゼネコンが進めていた倉庫建設工事をめぐる恐喝未遂事件で、湖東生コン協同組合（滋賀県東近江市）の加盟業者と契約するよう商社の支店長を脅したとして、滋賀県警組織犯罪対策課は28日、恐喝未遂容疑で、全日本建設運輸連帯労働組合関西地区生コン支部執行委員長、武建一容疑者（76）＝大阪府池田市＝を逮捕した。……同支部が組織的に事件に関与した可能性もあるとみて、全容解明を進める」

「逮捕容疑は昨年3月〜7月、東近江市内で行われていた清涼飲料水メーカーの倉庫建設工事にからみ、同支部幹部や湖東生コン協同組合幹部らと共謀し、生コンクリート調達を担う大阪市内の商社の男性支店長に対し、湖東生コン協同組合の加盟業者と契約を結ぶよう要求。断られたため『大変なことになりますよ』などと複数回、脅して契約させようとしたとしている。この商社は準大手ゼネコンの関連会社。捜査関係者によると、武容疑者らは逮捕容疑の他にも、工事現場を訪れて『カラーコーンが道路使用許可なしで置かれている』『仮囲いが1センチほど境界を超えている』などと因縁をつけ、圧力を加えるなどしていたという」

キーワードは「大変なことに」

逮捕直後に出されたわりには、なかなか詳しい記事だ。上記の記事からひとまず、いかにも関生支部を悪そうに言う「評価」を抜いてみると、警察が発表したと思われる「事実」は、

①一七年三〜七月、準大手ゼネコンが手掛ける倉庫建設工事に関して、湖東生コン協同組合の加盟業者と契約するよう商社の支店長に働きかけた

②工事現場を訪れ、逮捕容疑の他にも、工事現場を訪れて「カラーコーンが道路使用許可なしで置かれている」「仮囲いが1センチほど境界を超えている」などと言った

――の二点となる。

①は、それだけなら「協同組合から生コンを買いませんか」という生コンの営業活動であり、②の現場訪問と声掛けも、「そんな細かいことまで言わなくてもいいのに」とも思えるが、騒音や振動、車両の出入り等で工事現場に苦情を言いにくる住民もいることを考えると、それだけ切り取れば事件になるような話とは考えにくい。

そこで登場するキーワードが「大変なことになりますよ」だ。

この記事は、「武容疑者が恐喝未遂容疑で逮捕された」の直後に、「容疑は『大変なことになりますよ』などと複数回脅して」とつなげて書かれているため、あたかも武委員長が「大変なことになりま

すよ」と商社を脅したかのような印象を読者に与える。かくいう筆者も、武委員長か彼に近い組合員がそう言ったのかと思ってしまった。

だが、発言の主は武委員長でも関生支部の組合員でもない。協同組合のK副理事長（生コン業者の社長）である。K副理事長はゼネコンに営業に赴いた際、帰り際にそう言ったとされる。

K氏にとって、「大変なことになりますよ」とはどういう意味だったのか？　K氏の裁判では、この点が突き詰められないまま、四月二五日、懲役三年執行猶予五年の有罪判決が下り、判決は確定した。判決を言い渡したのは今井輝幸裁判官だった（あとで出てくるので、この名前を覚えておいてほしい）。

この事件には二つの「組合」が登場する。生コンミキサー車運転手らが加入する連帯ユニオン関西生コン支部という「労働組合」と、滋賀県湖東地域の生コン業者らが加入する湖東生コン協同組合という「協同組合」である。労働者が助け合う「労働組合」と中小事業者が協力しあう「協同組合」。セメントメーカーとゼネコンという二種類の巨大企業の狭間で苦しんできた生コン業者と生コン労働者とが、労使としては対立する面を抱えながらも手を携え、生コンの品質向上と価格適正化にとりくみ成果をあげてきた点に関生支部の運動の特質がある（本書収録の熊沢論文、『ストライキしたら逮捕されまくったけどそれってどうなの？（労働組合なのに…）』小谷野論文参照）。

市場経済では商品価格は自由競争で決められ、業界団体等が競争を制限するのは原則として独占禁止法違反となる。だが中小企業は立場が弱く、バラバラでいては立場の強い大企業からいじめられるため、協同組合をつくり価格を決めることが認められている（独占禁止法の例外）。協同組合のルールは未加入業者には及ばないので、未加入業者（アウト）がダンピングを行えば、相場形成の努力がぶち壊しになりかねない。そこで協同組合は、いかに組織率を高めるか、アウトの好き勝手を防ぐかが課題となる。これが一連の事件の背景事情でもある。

次にフジタ事件のあらましを説明しておこう。罪名はゼネコンを脅かして湖東協組から生コンを買わせようとしたという恐喝未遂で、一八年七月、湖東協組加盟の生コン業者四人がまず逮捕、起訴された。翌八月には、業者二人と武委員長ら関生支部役員ら四人が逮捕、起訴された。最初に逮捕・起訴された業者らと後から逮捕・起訴された武委員長らは別の裁判とされた。一九年二月には、同事件の一環だとして、コンプライアンス活動（工事現場を訪問して安全面を中心に法令遵守の確認や声掛けをする活動、詳しくは後述）やビラ配布に関わった関生支部組合員一五人が逮捕され、その後、恐喝未遂で九人、威力業務妨害で六人が起訴された。

工事現場を訪問し法令上、安全対策上の気づきを現場監督に伝えたり、ゼネコンの前でビラを配るという「衝突」でも「事件」でもないものが「罪」とされたのは、「大変なことに」という脅しが中心にあり、声掛けもビラ配りも、その脅しに「共謀」という糸で結びつけられたからだ。だから、「大変なことに」こそ、関生支部組合員らを罪に問うため検察官が書いた起訴状ストーリーの核といえる。

二〇一九年三月二七日、武氏らが被告とされた事件の公判で、K氏は証人に呼ばれ、「大変なこと

フジタ事件

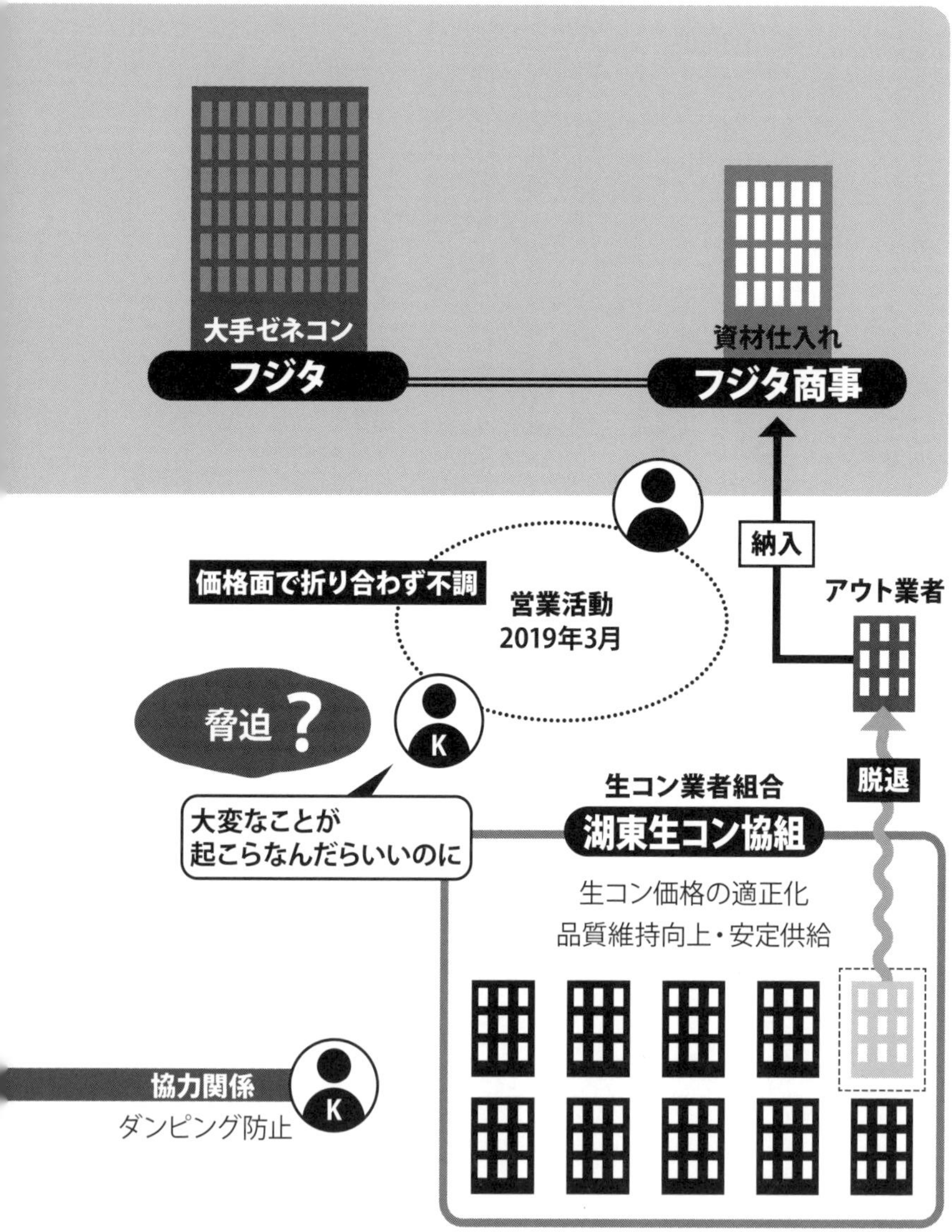
大手ゼネコン
フジタ
資材仕入れ
フジタ商事
納入
アウト業者
価格面で折り合わず不調
営業活動
2019年3月
脅迫？
K
大変なことが
起こらなんだらいいのに
脱退
生コン業者組合
湖東生コン協組
生コン価格の適正化
品質維持向上・安定供給
協力関係
ダンピング防止
K

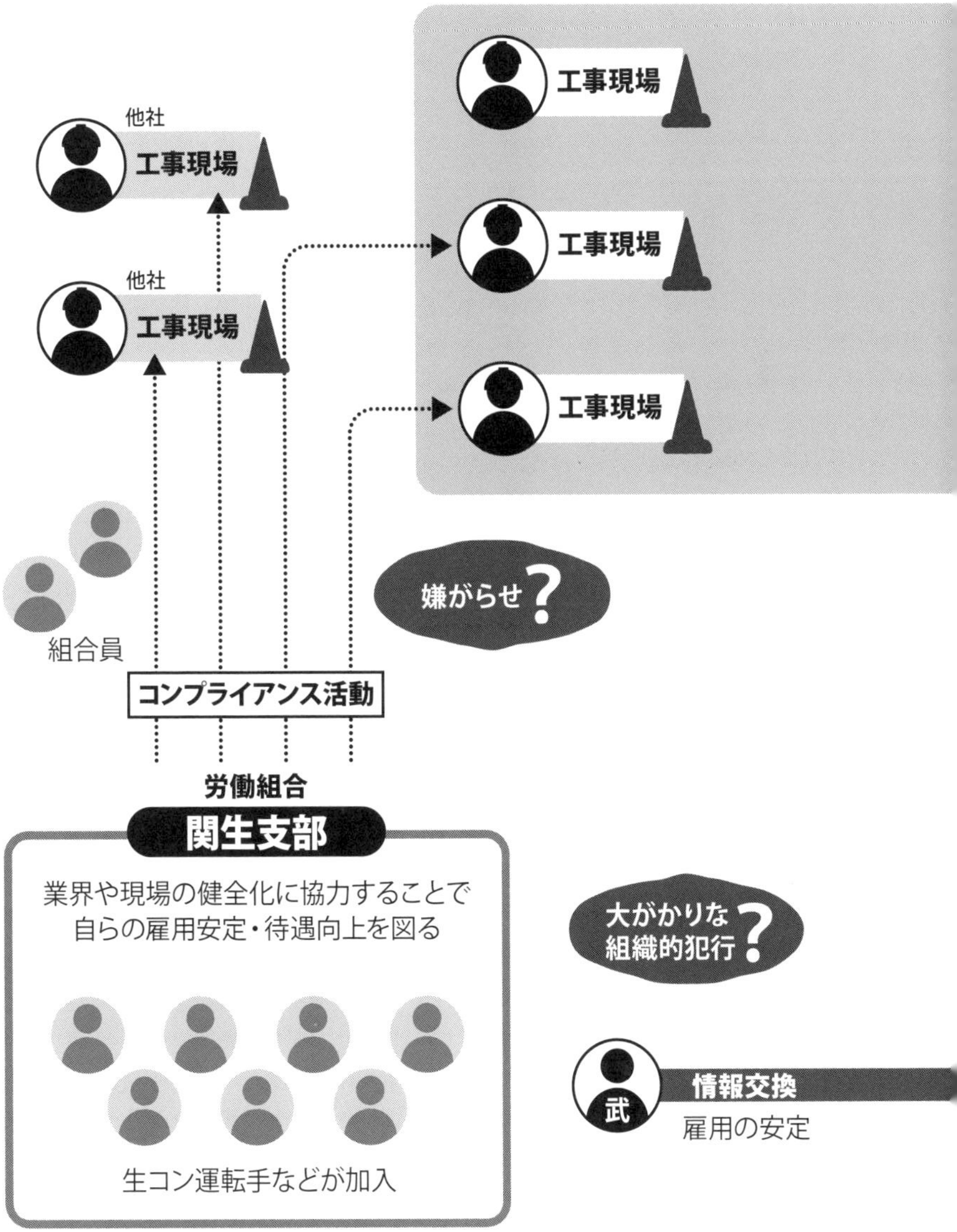
他社
工事現場
他社
工事現場
工事現場
工事現場
工事現場
嫌がらせ？
組合員
コンプライアンス活動
労働組合
関生支部
業界や現場の健全化に協力することで
自らの雇用安定・待遇向上を図る
生コン運転手などが加入
大がかりな
組織的犯行？
武
情報交換
雇用の安定

に」の意味が弁護側から質された。

K氏の裁判での証言によると、武氏と同じ商社に対する恐喝未遂事件で逮捕されたK氏は、逮捕前の二〇一八年六月、警察での取り調べで、生コンの納入が協同組合に入っていないアウトサイダー業者一社だけだと「何かあった時に大変ですよ」という意味で言った旨、警察官に供述している。

協同組合は瑕疵《かし》担保保険に加入しているので、もし工事に何か不具合があってもゼネコンは工事のやり直し費用を負担せずに保険を使って補償ややり直しができる。協同組合なら「共納」といって、ある工場が不調になっても別の工場から納品が受けられることもあり、安心、確実に工事が進められる。ところがアウト業者のD社は、そうはいかない。D社にトラブルがあっても、協同組合加盟企業が代わりに生コンを納入することはできないからだ。D社は、品質を保障するマル適マークも、二度停止された。そんなD社と契約すると安定した工事ができない恐れがある。K氏の逮捕前の供述によれば、「大変なことに」は営業シーンでの顧客への情報提供だった。

「大変なことに」が情報提供だったとなると営業の場でゼネコンを脅したという「事件の核」がなくなり、恐喝未遂の構図が崩れてしまう。起訴し有罪を取るためには、逮捕前に語った認識を改めてもらう必要があった。逮捕後の取り調べでK氏は以前の供述を翻し、「大変なことに」は、連帯労組が絡んでいるから大変なことになる、滋賀だけでは済まないかもしれないという意味だったと話をガラッと変え、恐喝未遂で起訴された。

「連帯に頼もう」

検察官が描いたストーリーでは、協同組合と契約しないと「大変なことになる」とK氏が商社を脅したが、この脅しは武委員長ら連帯との「共謀」だった。そうなると、ゼネコン側が脅しを突っぱね契約しなかったことが原因で「大変なこと」が起きないと辻褄が合わない。そこで出てくるのが②の「因縁と圧力」だ。外観上は工事現場への訪問と声掛けでしかない②は、契約に応じなかったゼネコンへの違法な嫌がらせとなり、生コンをゼネコンに売り込むための関生支部・武委員長らと協同組合幹部との共謀→「大変なことになる」との脅し→脅しに屈しなかったゼネコン建設現場への嫌がらせ(「大変なこと」の実行?)、というもっともらしい起訴状ストーリーができあがる。こうして業者六人、組合四人が逮捕、起訴された。

こうしたストーリーをなぞるかのように、先にふれた一九年三月の公判廷で、K副理事長は検察官の問いに答える主尋問で、要旨以下のように証言した。

協同組合からD社が抜けアウト業者になったためダンピング競争に陥る恐れが出てきたことに対し、「アウト対策」として連帯に協力を依頼した。連帯の協力はコンプライアンス活動で、それは、「しつこくコンプライアンス違反を追及したり嫌がらせすること」だと思っていた。その代価として、生コン一立方メートルあたり一〇〇円を払うことに決まった。

その後、連帯側と月一回、八日市のホテルの二階で情報交換会を開いた。協組は正副理事長ら、連帯は役員らが出席し、協組から商談の情報などを報告した。ある物件がアウト業者に流れそうだと報告することで、連帯が対応してくれると思っていた。

共謀関係を裏付ける意図なのだろう。K氏は検察官に問われ、関生支部の武委員長を大阪市内の鉄板焼きの店で接待した際、ペットボトル入り清涼飲料水などを製造するチェリオの倉庫建設工事について「ぜひ取りたい」と訴えたと証言した。それを聞いて武氏は「S君（関生支部役員）が頑張って動いている。また話しておく」と答え、フジタに営業に行く前の二〇一七年三月七日の情報交換会で、関生支部役員のS氏から「強気でいってください。ダメだったら、大変なことになるというニュアンスで言ったらいい」と叱咤激励された旨も、検察官に答える形でK氏は証言した。

フジタへの営業の席で

三日後の三月一〇日、K氏は協組のI氏、H氏と三人でフジタ大阪支社に営業に出向いた。フジタ側は支店長（当時）ともう一人が対応した。協組側は協組から生コンを購入する意義を話したが支店長は「価格は何とかなりませんか」と答え、購入の約束は得られなかった。「大変なことに」が飛び出したのはこの直後、フジタの会議室でのことである。

傍聴者の記録をもとに、公判廷でのやりとりをできるだけ再現したい。

まず検察官による主尋問。

検察官　帰り際に何か言いましたか。
K氏　支店長に、「大変なことが起こらなんだらいいのに」ということを、ぼそっと。

ついで弁護側の反対尋問に移る。
実は、K建材の職場には関生支部の分会があった。K氏は、組合が要求実現のためにストライキを打つことも嫌がらせなのかという組合側弁護士の質問に「そう取らざるを得ないですね」と答えた。ストで一日業務が止まると一〇〇万円単位の損害が出るし、顧客にも迷惑がかかるから、というのがその理由だった。職場でストが打たれた日、当事者の社長（K氏の義父）は組合を犯罪者集団だという趣旨を口走り、組合に抗議されて謝罪文を出している。分会との交渉でもコンプライアンス違反を何度か指摘され改善してきたことも、K氏は認めた。
つまりK氏は（多くの中小企業経営者に共通するのかもしれないが）、合法的なストライキも嫌がらせと認識しており、コンプライアンスに関する正当な指摘もうっとうしく感じていたことになる。反対尋問は、「大変なことに」の意味に差し掛かる。複数の被告側弁護人が尋問に加わっているが、以下では単に弁護人とする。

弁護人　（「大変なことになりますよ」の）意味なんですが、どういう認識でそう言ったと？
K氏　まあいろいろ……アウトの工場で買うと、いろいろなことも大変になりますよという意味も含めて言った。

K氏はこの直前、協同組合から購入するメリットと、アウト業者からの購入では工事にリスクが生じることを説明している。「アウトの工場で買うと、いろいろなことも大変になりますよ」というのは、工事がきちんとできなくなるかもしれないという意味にとれる。

三月一〇日の商談では、K氏の右隣に湖東協組営業担当のI氏が座り、テーブルをはさんで向かいにゼネコンの支店長と次長が座っていた。警察の取り調べに対し、I氏も次長も、K氏の口から「大変なことに」という言葉が出たことは覚えていないと供述している。かなり小さな声だったようだ。

K氏は三月二三日にも営業に出向いた。契約が取れそうだという情報が入り、お礼の菓子折りまで持参したのだが、支店長から「決まったわけではない」と突き放される。「大変なことに」が脅迫なら、K氏は激高してもおかしくはない場面だ。ところが、「ちょっと脅して契約を取ろうとは思ってなかった？」と弁護士から問われ、K氏は「そういうことは考えていませんでした」と明言した。

武委員長らと湖東協組理事長らとの鉄板焼きの会食が恐喝未遂と関係するかのようなストーリーにも疑問符が付いた。会食したのは六月二三日であることは、K氏の手帳と、店が発行した領収証で確認されている。ところがK氏は四月二四日頃、チェリオの工事現場をたまたま通りかかり、生コン打設に用いるポンプ車が稼働しているのを見かけたと証言した。

四月に生コンの打設が始まっていれば、六月二三日にはほとんど終わっている。いくら武委員長に頼み込んだところで、今さらチェリオの現場に生コンを売り込むことは望めない。そもそも「大変なことに」発言より、会食は三ヵ月以上も後だ。「大変なことに」が恐喝未遂で会食がその共謀だとすれば、会食で示し合わせた後「大変なことに」がくるはずだ。六月の会食が三月の出来事の共謀のワンシーンであるかのようなストーリーは、時系列に見逃せない矛盾がある。

「脅すつもりは……」

ところで、K氏はなぜ、「大変なことに」の意味についての供述を翻したのか。公判での尋問ではその点も質された。

弁護人　アウトの一社だけだと、その会社が生コンを納入できなくなった時、大変なことになるという趣旨も含まれているという気持ちは今も変わらないのですか。

K氏　はい。

弁護人　「フジタ側を脅すという趣旨も含まれている」と、供述を変えた記憶はありますか。

K氏　変えた記憶はありません。

法廷でK氏は、生コン納入、工事にとって大変なことになるという趣旨は変えていないと訴えている。この証言を信じる限り、「連帯がらみだから」「脅すつもりで」という翻意後の供述調書はK氏の真意ではなく、捜査当局の誘導の産物である疑いが濃厚だ。K氏の真意を弁護士がさらに問うが、裁判官が止めようとし、法廷は緊迫する。

弁護人　脅すという意図で言ったのか。
今井裁判官　今、言ったというのは。
弁護人　発言した動機です。(「大変なことに」は)脅すという動機にもとづく発言ですか。
K氏　……
弁護人　脅すなんて意思はなかったんでしょう。脅すなら、もっと大きな声で言っているでしょう。
今井裁判官　許されない誘導尋問ですから、やめてください!
弁護人　お答えどうですか。
今井裁判官　そんなことなかったのか、一応答えてはほしいんですけど。
K氏　脅す……最初の頃は、脅すつもりはなかったと思います。
弁護人　平成二九年三月一〇日、三月二三日の時期のことを言っているわけですね。その時には脅す意図はなかったと。
K氏　はい。

弁護人は、「大変なことに」という発言にフジタを脅すという趣旨も含まれていた供述を変えた記憶はないという具体的証言を踏まえ、脅すという意思はなかったのかと確かめている。検察官さえ異議を唱えていないのに、今井裁判官は被告人らの無罪につながる証言を躍起となって止めようとした。法廷での真実解明を妨げる、「有罪ありき」の一方的な訴訟指揮だった。

K氏はすでに、自身の裁判で執行猶予付き有罪判決が確定している。今さら、自分の罪を軽くするためにウソをつく意味はない。にもかかわらず、「大変なことに」発言があった三月一〇日について「脅すつもりはなかった」と明言し、「大変なことに」の趣旨に生コン納入、施工が含まれると証言した。「大変なことに」がカギとなって成立した巧妙なストーリーが弁護側の追及によって崩れ始めた瞬間だったと、私には思える。

恐喝未遂を実行したはずのK氏に脅すつもりがないのなら、「大変なことに」は恐喝未遂ではなく営業トークないしそれに付随した独り言となるから、「共謀」も何もありえない。K氏の尋問で検察側が唯一、K氏と武氏との共謀につながる事実として訊いた会食の日付は「大変なことに」より三ヵ月も後であるうえ、チェリオでの生コン打設は終わりに近づき、その後に湖東協組が同現場に生コンを納入するのは不可能だった。

「軽微な不備に」の実態

軽微な不備に因縁をつけたとされる「嫌がらせ」の実態はどうだろう。

筆者も、連帯が工事現場で激しい抗議活動を行って現場監督らとモメごとが起き、警察がその一部を切り取って事件にしたのかと思っていた。それでも組合活動に対する逮捕、起訴は行き過ぎではないかとも考えていたが、取材を進めるなかで、起訴状が「因縁」「嫌がらせ」と呼ぶ行為は、「激しい抗議」とはまったく様相が異なっていたことを知った。

起訴状が「軽微な不備に因縁」と非難する行為を、関生支部は「コンプライアンス活動」と呼んでいる。その実情を見ると検察ストーリーとはかなり違った光景が浮かぶ。

関生支部の組合員から一九年七月、話を聞いた。彼の話では、コンプライアンス活動はこんな風に行われていた。

三人一組になって乗用車で工事現場を巡回し、現場近くに停車する。三人のうち一人が声を掛け、一人が必要に応じて監督官庁などに連絡し、一人は建設業者の顔が映らないよう配慮しながら、やりとりの様子を撮影する担当だ。「監督さん、ちょっといいですか」と声を掛けて現場監督に出入口まで来てもらい、コンプライアンスの啓蒙活動の趣旨を説明し、安全上、コンプライアンス上の課題があれば指摘したりする。

組合員らが「恐喝未遂」で逮捕、起訴された理由にされたフジタの高速道路のジャンクション工事では、現場内で処理すべき砂利や汚泥が側溝に流れ出、集水桝に溜まっていた。それを指摘し、施主のネクスコ西日本（西日本高速道路株式会社）も呼んだ。監督は「紳士的な対応」だった。組合員は、コンプライアンス活動の目的を「現場でしっかり声掛けすることで、労働災害事故を未然に防いでくださいという活動で、毎日やっています」と説明した。

恐喝未遂のストーリーに組み込まれ、軽微な不備に因縁をつけた嫌がらせだというから、「大変なこと」とは言えないまでも現場で言い合いくらいはあったのだろうと思っていたので、私は拍子抜けしてしまった。アウト業者から生コンを買っているゼネコンの現場だから狙い撃ちで行ったのでもなく、毎日、さまざまな工事現場を訪ね、安全上の啓発や指摘をしているのだという。

少なくとも組合員の側に違法な嫌がらせ等をしているつもりのないことは、コンプライアンス活動で訪ねた現場から警察や行政にちょくちょく連絡していることからもうかがえた。「バレたら逮捕されるかもしれないことをしている」という意識がもしあれば、普通、自分から警察に電話するとは思えない。

産別組合とコンプライアンス活動

「なんで組合が企業の外で活動するんだ」。一連の事件の取り調べで、関生支部の組合員にそう言った警察官がいるという。たしかに日本では、企業内組合が多いから、組合活動は企業内で行われるものだと思っている人も多いだろう。

だが、連帯のコンプライアンス活動に類したとりくみは、産業別労働組合では必ずしもめずらしいものではない。船員たちの組合である海員組合では「訪船」といって、港に停泊する船舶を尋ね、船長らと対話し、課題や要求を把握している。建設職人の組合である東京土建では「安全パトロール」といって、時には労働基準監督署と一緒に建設現場を訪問し、そこで働く職人の声を聞いたり、安全上の課題を指摘することもある。

連帯によるコンプライアンス活動はこうした産業別労働組合による現場訪問の一環であり、労働者や周辺住民の安全安心にも寄与する社会貢献的側面ももっていた。だから裁判所も、建設会社がコンプライアンス活動の中止を求めた民事の業務妨害禁止等仮処分申立事件では、関生支部のコンプライアンス活動は社会通念上相当と認められる範囲を超えておらず、営業権を侵害する違法なものとはいえないと判断している（星山建設事件・大阪高裁平成二七年五月一四日決定、「労働法律旬報」一八五二号六二頁）。

起訴状はこのように、コンプライアンス活動での指摘のうち、きわめて軽微なものだけをピックアップし「軽微な不備に因縁」と描いているのだが、指摘事項全体を見ると、「軽微な不備」として片付けることができない、現場労働者や周辺住民の安全安心に関わる重要な不備、法令違反が見えてくる。

過去の問題ではない「シャブコン」

一九九五年の阪神・淡路大震災の際、高速道路の橋脚が倒壊した光景は私たちに衝撃を与えた。倒壊しなかったビルや家屋も少なくなかったのに、橋脚はなぜ倒れたのか。一因は「生コン」にあった。震災後に連帯ユニオンが開いたシンポジウムで小林一輔・千葉工業大学教授（故人）は、「品質異常の生コンがコンクリート構造物に使用され、粗悪な品質の生コンクリート構造物が量産されている責任の一端は、このような生コンの買い叩きを行ったゼネコンが負わなければならない」と指摘した（『関西地区生コン支部　労働運動50年』一二三頁）。生コンは業者の乱立と過当競争からダンピングの泥沼にはまり、生コンに水を加える加水が横行する。加水すると生コンが緩くなるから、現場が生コン打設の準備に手間取り施工が遅れても固まらずにすむ。だが、設計どおりの強度が出ないため、何かがあると倒壊につながったりするのだ。

生コンに加水し薄まったものを、マスコミが「シャブコン」と名付けた。関生支部のコンプライアンス活動の原点として有名なのが、このシャブコン摘発だ。シャブコンの背景にはダンピングがある。生コン業者を協同組合に組織し、価格を引き上げ（値戻し）、品質を良くする。そうした業界のとりくみに労働組合が深く関与した点に、関生支部の運動、産業政策の特質があった。協同組合が品質向上と値戻しをめざしても、協同組合に入っていないアウト業者が安くて悪い生コンを売ればぶち壊しになる。そこで、「安かろう悪かろう」をチェックすることも、コンプライアンス活動の目標となった。

フジタ事件で検察側は、湖東協組が値戻しのための協力を頼んだ、協力の実態はコンプライアンス活動と称する嫌がらせだという構図を描いた。コンプライアンス活動が嫌がらせだという評価は前述のように正しくないが、生コン協同組合と生コンを運ぶミキサー車運転手らの労働組合が値戻しで協力し、「安かろう悪かろう」に警鐘を鳴らす活動にとりくむこと自体には違法性はない。過当競争克服と品質向上を通じた値戻しは中小企業庁の施策にもなりうる。中小企業とその産業の健全な発展にとって合理的な課題だからだ。
湖東協組を抜けて生コンのダンピングをはじめ、フジタもそこから買っていたD社がマル適マークを二度停止されたことは前述した。その理由も、公判廷で明らかになった。

弁護人 D社が湖東協組を脱退する前ですが、加水や残水処理について指摘したことがありますか。
K氏 はい。
弁護人 加水というのは、水を加えていたと。
K氏 そういうこと、水を加えていたということです。
弁護人 加水すると品質を保てなくなりますね。
K氏 はい。
弁護人 D社は、加水が問題になって、マル適マークを外されたことがありましたか。
K氏 ありました。

品質と価格はメダルの裏表の関係にある。日本を代表する大手メーカーで、コストカットとも関連し品質偽装が相次いだように、ダンピング業者が品質を下げ安全を脅かすのは、決して遠い過去の問題ではない。労働組合の役割の一つに「経営チェック機能」がある。働く者の安全や法令遵守、適正な品質の確保は、組合によるチェックが社会的に期待されている事柄だろう。どう考えても、それを

「罪」にすべきとは思えない。

裁判官は予断の塊

それでも、この事件の一審で関生支部組合員たちが無罪判決を得るのは絶望的に見える。担当する今井裁判官に強い予断があるからだ。

この日の公判もそうだったが、今井裁判官は検察側証人が出廷すると、証人席と傍聴席の間に衝立《ついたて》を立て、傍聴席から証人を見えなくした。K氏など、会社に関生支部の分会があり、組合員とは日常的に顔を合わせている。協同組合でも毎月情報交換していた。いまさら、傍聴に来た関生支部組合員や支援者に見られて困ることもない。

弁護団はその都度抗議したが、却下された。法廷に衝立を立てる遮《しゃ》へい措置は、証人の身の安全を守るため暴力団事件などで導入される。今井裁判官は、関生支部がそうした凶悪集団であるという印象操作を法廷で行っているのだろうか。

前述したようにK氏の事件では一九年四月二五日、今井裁判官は有罪判決を言い渡している。判決理由では「大がかりな組織的犯行で（K氏は）共犯関係の強化などに重要な役割を果たしたが、共犯者の全日本建設運輸連帯労働組合関西地区生コン支部幹部らに比べ、やや従属的」とした（京都新聞ネット版一九年四月二五日）。

今井裁判官は、チェリオ工事への生コン売り込みを関生支部幹部らが主導的に関わった大がかりな

組織的犯行と考えていることになる。その今井裁判官が、大津地裁に係属する関連事件を一手に引き受け、証言の際の遮へい措置など、強い予断をうかがわせる訴訟指揮をしている。

刑事被告人は、「公平な裁判所の迅速な公開裁判を受ける権利」を憲法三七条で保障されている。また、裁判官は公判前に予断を抱かず事件をまっさらに判断できるよう、裁判前には起訴状しか見ないことになっている。

ところが今井裁判官は、関連事件でたくさんの証拠を見、「関生支部幹部が主犯格だ」という趣旨の判決まで書いた。そして、武委員長らの裁判では公判廷に衝立を立て、「大変なことに」の真意に関わる証言を妨害した。これでは「公平な裁判所」どころか「予断でいっぱいの裁判官」ではないか。大津地裁刑事部には六人の裁判官がいるのに、今井氏だけに関生支部関連事件を専属的に委ねているのも不可思議というほかない。

「ひそかに情を通じ」という先例

この事件の起訴状ストーリーでキーワードになっている「大変なことになりますよ」で想起されるのが、表向きは米側負担とされた軍用地の原状回復補償金を実際は日本政府が払うという内容の沖縄返還密約暴露事件（外務省機密漏えい事件）の起訴状の「ひそかに情を通じ」だ。沖縄返還に際して日米政府が交わした密約を毎日新聞の西山太吉記者が入手。社会党（当時）が国会で追及したが、政府は密約の存在を隠ぺいする一方で、国家機密を漏らしたとして、情報源だった外務省の女性事務官と西山記者が逮捕、起訴された有名な事件だ。報道の自由を掲げて記者逮捕を非難し、密約を追及するマスコミと野党に対し、外務省事務官と記者とが男女関係にあった事実をつかんだ官邸はそれを材料に反撃に転じる方針を決め、東京地検特捜部の検事が起訴状に「ひそかに情を通じ、これを利用して」と記載して起訴。政府・特捜部は、沖縄返還をめぐる密約という「国政の問題」を、「新聞記者と外務省職員との男女関係」にすり替えることに成功した。

沖縄密約暴露事件で、真に追及されるべきだったのは密約の中身であり、それを結んだ日米政府だった。「大変なことになりますよ」のひと言に引っかかれば、再び権力側の〝思うつぼ〟になりかねない。労働組合弾圧といえば普通、警備公安警察の〝仕事〟だが、フジタ事件の立件は暴力団対策が専門の滋賀県警組織犯罪対策課が担当していること、同事件のほかにも、関生支部がコンプライアンス活動にとりくんだ「現場ごと」に事件化されているのも重大な問題である。

2 自作自演の「業務妨害」

――宇部三菱SS・中央大阪生コン事件

一方、ストライキの際の説得活動が「事件」とされた宇部三菱SS・中央大阪生コン事件では、組合が威力で妨害したとされる「業務」に、ほとんど実態がなかった疑いが公判廷で浮かんだ。

起訴状によると同事件は、二〇一七年一二月一二〜一三日、関生支部役員・組合員らが共謀してセメント輸送会社の輸送業務の妨害を企て、宇部三菱SS（SS＝サービスステーションとはセメントの貯蔵出荷基地）付近で、セメント運搬車の前に立ちはだかるなどしてSSへの出入りを阻み、「威力をもって業務を妨害」した、同じく中央大阪生コンでも車両の運行を妨げた――というものだ。ここでは、宇部三菱SSでの出来事を見ていこう。

宇部三菱セメントは、宇部興産と三菱マテリアルが五〇％ずつ株を持つ、年商一〇〇〇億円をこえる大手セメント会社である。舞台となった宇部三菱のSSは大阪港内にある。大正駅の方から南下してくると、新福崎橋を渡ってすぐ左手にSSの敷地が広がっていた。橋のはす向かいに見えるのが北口（正門）だ。大阪港ＳＳでは、生コンの原料となるセメントを受け入れ、宇部三菱と取引している生コン業者や二次製品の会社にセメントを出荷している。セメントを運ぶ業務は、セメント運搬車（バラセメント車）と呼ばれるトラックで、植田組という専属運送業者やその下請が担っていた。

起訴状によると、一七年一二月一二〜一三日、早朝からＳＳ北口正門前と周辺路上に集まった関生支部組合員らは、バラセメント車の前に立ちはだかるなどして、車両の出入りを阻止し威力をもって妨害したとして逮捕、起訴された。公判廷での関生支部組合員らの証言や公判で上映された会社側撮影の録画によると、関生支部組合員らは、ストライキ中にもかかわらずセメント運搬車を動かそうとする運搬車の運転手（植田組やその下請業者の社員）に、車両の斜め前からスト突入を知らせるビラを運転席に差し出し、「ストライキに入るので、稼働しないで欲しいんです」と呼びかけていた。「前に立ちはだかるなどして」という起訴状の記載には誇張があるが、ストの日のＳＳ前での活動が罪に問われた形だ。

ストに伴う説得活動

一七年一二月のストライキは、関生支部と全港湾大阪支部が近畿一円で行ったもので、要求は、組合員らの賃上げの原資となるセメント・生コン輸送の運賃引き上げと、大阪生コン広域協組の運営民主化だった。

ストライキは労働者が団結して仕事を離れ、業務遂行を止めることで会社にプレッシャーをかけ要求実現をめざす争議行為だが、会社が組合員以外の者を連れてきて仕事をさせる（これをスト破りという）と業務が止まらず、ストの実効性がなくなる。そこでストの際は、スト破りを止めるピケッティングも組合側によってしばしば採用されてきた。

ところが会社からすると、ストは迷惑で、ましてピケなど営業の自由の侵害に映る。そこでストという組合活動の権利（団体行動権）と営業の自由という会社の権利とがしばしば衝突し、その調和をどこに求めるかが裁判でも争われてきた。最高裁は現在、会社の営業権・財産権を重視して争議の際のピケなどの範囲を狭く解釈し、平和的説得を超えた場合には正当性は認められないという考え方（平和的説得論）を採っている。宇部三菱ＳＳ・中央大阪生コン事件も、ストの際の「ピケ等が認められる限度」に関わる事件と考えられてきた。

同事件では、一八年九〜一〇月に二四人が逮捕され、一一月二一日、スト現場にいなかった四人の役員と元役員も「共謀」の疑いで逮捕。組合員一二人、役員ら三人が威力業務妨害罪で起訴された。

「ひとことで言って恐怖」

二〇一九年五月二二日、大阪地裁で開かれた宇部三菱ＳＳ・中央大阪生コン事件第三回公判で、宇部三菱セメントの専属輸送会社、植田組の総務担当、Ｅ氏が検察側証人として、「何事も隠さず真実を話す」と宣誓したうえ、証言に立った。植田組は、日ごろ、バラセメント車にセメントを積んで、宇部三菱の顧客である生コン業者などに運んでいる（バラセメントは生コンの原料になる、袋詰めされ

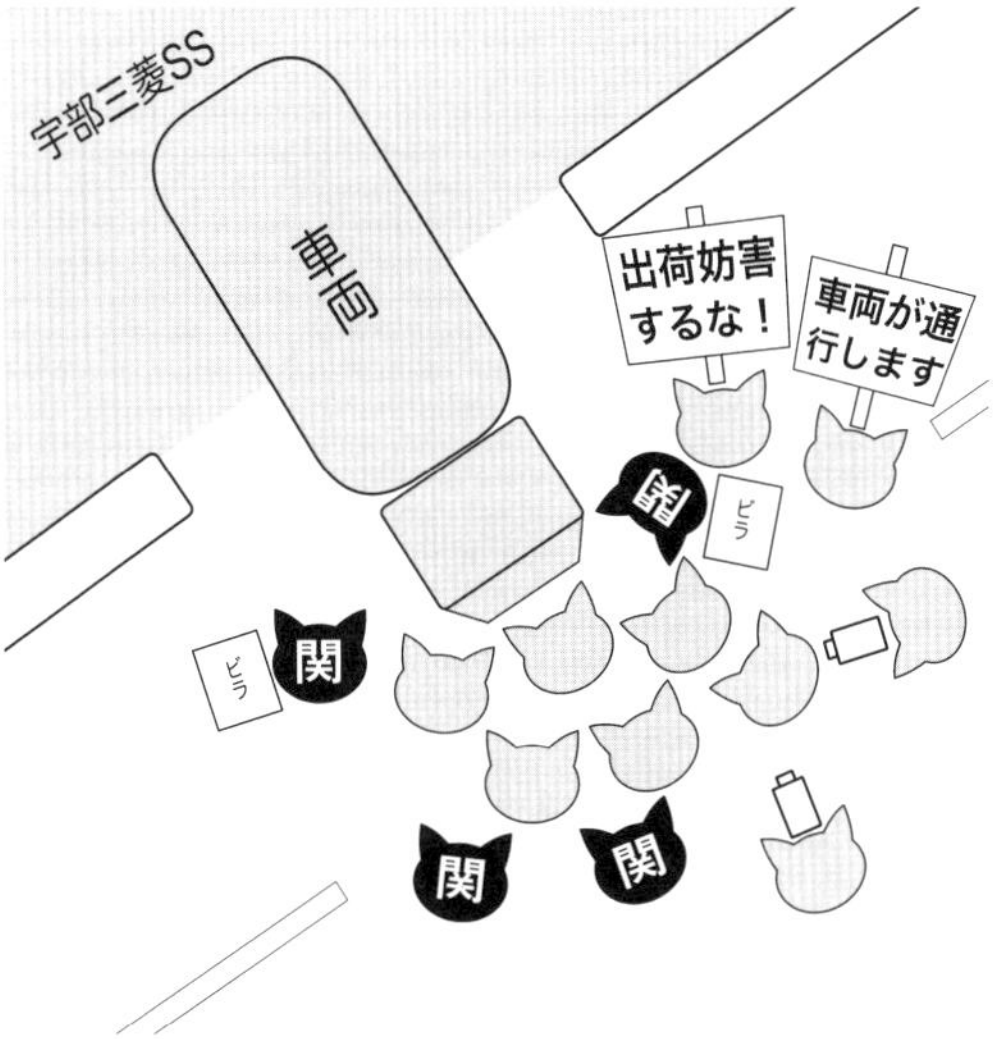
宇部三菱SS
車両
出荷妨害するな！
車両が通行します
関
ビラ
ビラ
関
関
関

ていないセメントのこと）。

検察官の主尋問に対してE氏は、関生支部の組合員らがSSに出入りしようとする車両の前に複数名で囲むように立ちふさがって妨害し、業務ができなかった旨、証言した。その時の印象を問われたE氏は「ひとことで言って恐怖しかない」「一般常識的に、そんなことはあり得ないから」とも述べた。配達先に向かう車を止められたら配達できない。それが「罪」にあたるというのだが、真実はどうだったのか。

弁護人　（事前の社内での打ち合わせで）車の前に立つという役割分担が与えられてたのでは。

E氏　役割の一つだと思います。

弁護人　車の前に立ちなさいと指示されていた人は何名くらいいましたか。

E氏　複数名です。

E氏は五～一〇人ほどの社員らが「通行できるようサポートするという役割で車の前に立ちふさがった」と証言した。他方、関生支部組合員らは車の斜め前から運転手にビラを差し出して声をかけ、ストライキへの協力を要請していた。車の前に立つことが業務妨害だとすれば、それをしたのは関生支部組合員ではなく、E氏ら植田組社員だったことになる。

行先ないのに車両が出入り

だが、驚くのはまだ早かった。

弁護人　（輸送を妨害されたとされる）バラセメント車の運転手Aさんは大阪港SSでバラセメントを積んでどこへ行く予定だったのですか。
E氏　「どこ」という場所は、まだ決まってなかったと思います。
弁護人　入場して、バラセメントを積んで、どこへ行くかはまだ決まってなかったわけですか。
E氏　はい。
（一部略）
弁護人　ストライキの話は（業界）みんな知っていたから、注文はなかったのでは。
E氏　注文はなかったとしても当社で管理するタンクもあるので、ゼロではなかった。
弁護人　「注文はほとんどなかったが、ちょっとならあった」ということですか。

E氏　そう捉えていただいて問題ないです。

宇部三菱と植田組は、「妨害をやめてください」などと書かれたプラカードをあらかじめ用意して現場で掲げ、その模様を撮影していた。何のためにプラカードを用意したのかと訊かれたE氏は「映像に残すため」と答えている。

注文はほとんどなかったと捉えてもらっていい。なのに車両を出入りさせ、関生支部の活動を「映像に残す」準備を周到に重ねていた。かなりの〝爆弾証言〟である。

整備不良の指摘も「妨害」？

車が止められた原因が業者側にあるケースも、公判廷で明らかにされた。

弁護人　寿運送の車両がレッカー移動された原因はタイヤですね。

E氏　（組合に）妨害されたからです。

弁護人　タイヤの摩耗がレッカー移動の原因で、警察官からの指示もあったのでは。

E氏　はい。

もちろん、検察官も再主尋問を行い、起訴状ストーリーの修復を図っている。

検察官　バラセメント車が（ＳＳを）出場するまでの間に、どこに配達するかは決まっているのが通常なんですか。

Ｅ氏　はい。

（一部略）

検察官　一二月一二日、一三日は、ある車が出ていくとき、明確に「ここに行かせる」と決めて入場させたり出場させたりはできましたか。

Ｅ氏　できませんでした。

検察官　なぜですか。

Ｅ氏　出られるか出られないか、入れるか入れないかわからなかったからです。

検察官　それはなぜですか。

Ｅ氏　連帯の方が妨害したからです。

検察官　セメントを積んだ車が出られたら、その後、車の動きは……。

Ｅ氏　改めて連絡して、優先順位が高い配達先に配達してもらうという段取りになるかなあと思います。

これが注文もほとんどないのに車を出入りさせたことへの、有効な釈明になっているかどうか。スト当日、宇部三菱ＳＳを出入りしようとした車には、行先も発注もほとんどなかった。だが、「関生支

部が妨害する模様」を「映像に残すため」、行先もない車を出入りさせて組合を挑発し、その様子を撮影していたのではないか。だとすれば、威力業務妨害の自作自演である。

威力業務妨害罪でいう業務とは、「広く職業その他継続して従事することを要すべき事務または事業」（最高裁判例）とされる。注文されたバラセメントを運搬するのはもちろん「業務」にあたる。だが、労働組合を陥れるために行先未定の車を出入りさせることが、法で保護すべき「業務」にあたるとは考え難い。

それなりに経済事件を取材してきたつもりだが、威力業務妨害事件においてその業務に実態がなく、事件自体が自称「被害者」による自作自演だったなど聞いたこともない。

3 正社員化求めるのが「罪」

——加茂生コン事件

京都府警の組織犯罪対策第一課（いわゆるマル暴）が立件した加茂生コン事件は、さらに露骨に、組合活動への捜査当局の敵意を示している。

七月一〇日、京都地検は、加茂生コン（村田建材）事件で、武建一委員長ら連帯ユニオン関生支部の組合役員・組合員五人を起訴した。

宇治茶の産地として知られる京都府木津川市加茂。ＪＲ関西線の加茂駅から車で七分ほど、沿道に茶畑が広がる国道一六三号線を進むと、「事件の現場」加茂生コンがある。

門扉は閉ざされ「無断立入禁止」の看板が立つ。構内に生コンを作るプラントが建つが、人影は見当たらない。「売りに出す製品は作っていないが、プラントがいつでも動かせるよう調整しているようだ」（事情通）

加茂生コン事件の「罪名」は二つある。一つは、関生支部が生コン製造業者・村田建材（京都府木津川市、「加茂生コン」はプラント名）で働いていた組合員Ａさんの正社員化や、子どもの保育園の手続きに必要な就労証明を求めたことが「強要未遂」にあたる――というものだ。もう一つは洛南生コンクリート協同組合の役員らが村田建材にプラントの解体を求めたことが「強要未遂」に、ミキサー車一台の無償譲渡を求めたことが「恐喝未遂」にあたる――というものである。

関生支部執行委員と組合員は前者、武委員長と副委員長は両方の容疑で逮捕されて起訴。後者に関与した疑いで逮捕された洛南生コン協組理事長らは起訴猶予となった。

組合できたら「会社解散」

未遂とはいえ「強要」に「恐喝」。いかにも恐ろし気だが、実際はどうか。

Aさんは二〇一二年から村田建材で働き始めた。就労は月二〇日ほどでフルタイム。村田建材の制服を着用し、同社が作った生コンを同社所有のミキサー車を運転し工事現場に運んだ。

ことの発端は、そんなAさんが関生支部に加入したことだ。一七年一〇月、会社に組合加入を通知し、正社員化などを要求して団体交渉を求めたが会社は応じず、組合加入前は毎年交付してきた「就労証明書」さえ出そうとしない。

就労証明の提出期限が迫っていた。子どもが保育園に通えなくなったら困る。組合員らは数名で同社に赴き交付するよう強く求めた。すると一二月、会社は「閉鎖」、Aさんは事実上解雇された。

組合はこれに、「偽装閉鎖」だと強く反発する。登記簿によれば村田建材は一八年一月五日、たしかに「解散」していた。村田商事という会社が合併したためだ。両社の代表取締役は共にM氏で所在地も隣接。「生コンの製造販売」など、会社の目的も重なる。「偽装解散」という組合の推論には理由がある。

従業員を「請負」と主張

団交拒否、「偽装閉鎖」などについて、関生支部が大阪府労働委員会に不当労働行為救済を申し立てると、村田建材は、Ａさんは雇用ではなく請負だったと言い出した。だから団交に応じられない、というのだ。

勾留状にも、組合員Ａさんは村田建材から生コンクリートの運搬業務を請け負っていたと書かれている。組合は請負であるＡさんを正社員にさせようと押しかけ、気勢を示して怖がらせ、会社に義務のないことを行わせようとしたというのである。

だが、ある働き方をしている人が雇用であるかどうか（「労働基準法上の労働者」にあたるか）は、会社の意図で決まるのではなく、働き方によって客観的に決まる。実際は労働者なのに「請負」などにしてしまえば、会社は雇用責任を負わず、雇用保険や社会保険の会社負担分の支払いを免れるし、労働時間や残業代、解雇についてのルールも守らなくていい。逆に働く者にとっては、ほとんど無保障、ノールールになり、不安定な働き方を強いられる。偽装請負が大きな問題になったのも、そのためだ。

加茂生コン事件

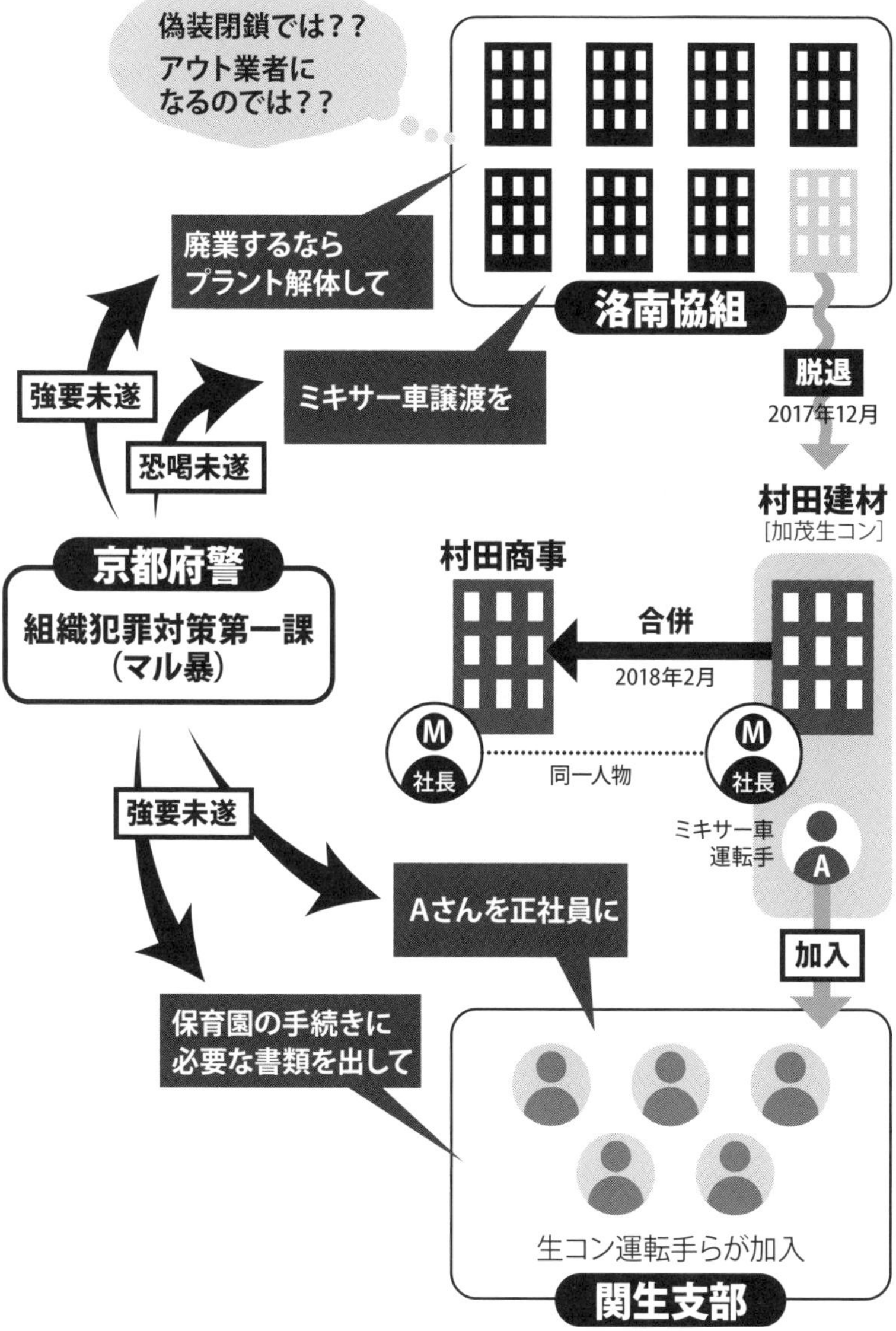

偽装閉鎖では??
アウト業者に
なるのでは??
廃業するなら
プラント解体して
洛南協組
強要未遂
ミキサー車譲渡を
恐喝未遂
脱退
2017年12月
村田建材
[加茂生コン]
京都府警
組織犯罪対策第一課
(マル暴)
村田商事
合併
2018年2月
M
社長
同一人物
M
社長
ミキサー車
運転手
A
強要未遂
Aさんを正社員に
加入
保育園の手続きに
必要な書類を出して
生コン運転手らが加入
関生支部

労働者性の判断基準に照らしてみると

そういう不合理をなくすため、雇用かどうかは会社の意図（主観）ではなく、会社が容易に操作できる契約書の文言でもなく、働き方の実態から客観的に決められる。雇用かどうかを決めるのは、①「使用」されているかどうかと、②働いた代価として「賃金」が支払われているかどうかだ（労基法一一条）。①は、諾否の自由（振られた仕事を断れるか）、②仕事を進めるうえでの指揮監督、③勤務時間・勤務場所の拘束性、④他人による代替性の有無（仕事を人に替わってもらえるか）で判断される。①と②では判断が難しい場合には、③事業者性の有無、専属性の程度、公租公課の負担を考慮する（一九八五年労働基準法研究会報告）。

こうした判断基準をもとに働き方の実態を判断するとどうなるか。

会社から、生コンを現場に運んでと指示されたら断る自由はなく、仕事のやり方は決められ、勤務時間はタイムカードで管理されていたし（①）、働いた代価として毎月給与（賃金）が支払われ、給与明細ももらっていた（②）。仕事上の主要な設備であるミキサー車は会社のものでAさんに事業者性はなく、仕事も村田建材専属で、給与からは源泉徴収もされていた。Aさんが独立した事業主で村田建材から仕事を請け負っていたとは考えられず、Aさんと村田建材との実際の関係は雇用関係にあったと見るのが自然だ。

一時期まで同社は、Aさんが出勤すると日雇い手帳に印紙を貼っていた。ところが三年前、厚生労

保育園入るために「就労証明書」をほしいって言ったらどうして「強要未遂」になるの!?

働省が不正受給への指導を強めると印紙添付を中止した。日雇い保険の対象は「日々雇用される者」か「三〇日以内の期間を定めて雇用される者」で（雇用保険法四二条）、フルタイムで何年間も村田建材に勤めてきたAさんはあてはまらない。

正社員化要求は「不当」？

この逮捕について京都新聞は「アルバイト男性を正社員として雇用するよう不当に要求した疑い」と警察発表をもとに報じた（六月一九日付ネット版）。京都府警は正社員化要求を「不当」と見ていることになるが、労働組合の要求が正当か不当かは労使の問題であって、警察が決める話ではない。多くの労働組合が要求しており、政府もその推進を政策課題にしている「正社員化」は、内容上も不当とは考えられない。むしろ不当なのは、Aさんを社員同然に働かせながら「請負」だと言い張って雇用保険に入れていなかった会社ではないのか。

必要な就労証明を出さなかった理由を村田建材は、「廃業を決めていたから」とするが、就労証明は「将来の予定」ではなく「現在の状態」を証明する書類だ。関生支部刑事弾圧弁護団の永嶋靖久弁護士は「市役所の担当職員もその旨、村田建材に説明したのですが、頑として出さなかった」と言う。

当局の描く構図の無理

洛南協組が関わったとされるプラント閉鎖の「強要未遂」とミキサー車をめぐる「恐喝未遂」にも疑問が浮かぶ。

捜査当局は、関生支部が村田建材を監視し、監視をやめる条件として「プラント解体」を迫ったという構図を描く。だが、プラントを解体すれば生コンが製造できなくなり、運搬するAさんの仕事もなくなってしまう。組合に、プラント解体を強要する動機は見当たらない。

実は村田建材は、一七年一二月一四日、洛南協組に脱退届を出した。脱退の理由は「廃業」だった。同協組では、廃業するならプラントをつぶすというルールがあった。協組を抜けた業者がアウトサイダーになってダンピングするのを防ぐためで、過当競争に苦しみながら値戻し（価格適正化）に注力してきた業界の知恵といえる。

ミキサー車も、譲渡先は組合ではなく洛南協組だ。連帯ユニオンの小谷野毅書記長も「この業界では、ミキサー車の譲渡は、倒産の解決の時によくある」と話す。退職金がわりだとすれば、決して高いとも言えまい。

和解調査の前日に

労働組合法一条二項は、労働者の地位向上、労働条件改善などのために行った正当な活動について刑事免責を定めている。永嶋弁護士は、「組合員らの活動には労組法一条二項が適用され、仮に被疑事実のとおりでも刑事免責となります」と説明する（なお、永嶋弁護士の説明は、先に見たフジタ事件でのコンプライアンス活動や、宇部三菱ＳＳ事件でのストライキに伴う説得活動についてもあてはまる）。

ところが京都地裁は、検察官による勾留請求をやすやすと認めた。その理由を裁判所に質す勾留理由開示公判が開かれたが、裁判官は、労組法一条二項への抵触をはじめとする弁護側求釈明への回答をいっさい拒み、法廷は三〇分にわたり紛糾した。

大阪府労委ではこの件の審理が進み、和解調査が予定されていた。逮捕はその前日、暴力団取り締まりを担当する京都府警組織犯罪対策第一課（マル暴）によって、労働組合の権利も労委の努力も踏みにじるかのように強行された。なお、大阪府労委は一九年一二月一二日、Ａさんを「労組法上の労働者」と判断し、村田建材をひきついだ村田商事に関生支部との団交を命じる救済命令を出した。

4 ほんとうに「大変なこと」

労組法一条二項、ひいては憲法二八条の無視と、警察の暴走に対する検察や裁判所のチェック機能の目詰まり。事態はほんとうに深刻だ。

フジタ事件では、検察ストーリーのキーワードが「大変なことになりますよ」だった。その真意が、検察の主張とは大きく違うことはすでに見たとおりだが、取材を通して、「大変なこと」のもう一つの意味を考えさせられた。それは、関生支部への弾圧を放置しておくと、第二、第三の類似事件が警察によって作り上げられ、アグレッシブな労働組合がツブされ、「やり過ぎはやめよう」「おとなしくしておいた方が身のためだ」という自己規制が広がってしまうことだ。

たとえば加茂生コン事件で、保育園の手続きに必要な書類を突然出さなくなった会社に、関生支部の組合員らが駆け付け、書類を出すよう強く迫った。「(就労証明書を)書いてもらわなあかん」「労働者の雇用責任もまともにやらんとやな。団体交渉も持たんと、えっ、法律違反ばっかりやりやがって」と大声を発したなどと、組合員らの勾留状には記されている。

「ちょっと乱暴では」「何も怒鳴らなくても」と眉をひそめる人もいるだろう。感じ方、考え方は人それぞれだ。だが、仲間がヒドイ目に遭ったとき、現場に駆けつけ一緒に怒るのが、そんないけないことなのか。いくつかの労働事件を取材し、連帯ユニオンとは違う組合で労働相談や団体交渉に少し関わってきた私には、そうは思えない。

〝怒ってばかり〟は好きになれない。会社とも行政とも、対立するだけでなく、建設的な対話と合意をめざしたい。私はそう思って記事を書き、組合で活動している。ただ、あきらめや冷笑が社会を覆うこの国で、職場で起きた仲間の苦難を「自分ごと」として一緒に怒り行動することを労働組合までやめてしまったら、どうなるのか。働く者の権利侵害だけでなく、圧制や戦争だって止められないかもしれない。七〇年ちょっと前、この国はそうだった。

「大変なこと」のほんとうの意味は、労働組合が背骨を折られ、怒ることを忘れ、会社と政府に隷属してしまうことではないか。

「やり過ぎだ」「乱暴では」という、私も少し持っていた関生支部への印象は、だから、事件の真実から目をそらさせるための「呪いの言葉」ではないか。事態は困難だが、その呪縛を解いて事実をまっすぐに見つめること。そこから、何かが始まると信じたい。

「関西生コン事件」とはなにか
――歴史的な弾圧の背景にあるもの

小谷野　毅

1 「労組壊滅作戦」

戦後最大の労働運動弾圧事件

「関西生コン事件」はただの労働組合弾圧事件ではない。

それを端的に示すのが刑事事件で逮捕された組合役員や組合員のただならぬ数の多さである。関西地区生コン支部（関生《かんなま》支部）は約一五〇〇人の労働組合だが、逮捕者は二〇一八年七月から一年五か月でのべ八一人に及んだ。ほかに関生支部と協力関係にあった生コン業者団体の理事長ら八人の事業者も逮捕されているので、逮捕者は合計八九人にのぼる。起訴された組合役員と組合員がのべ六六人、事業者も五人が起訴されている（二〇二〇年一月末日現在）。

人数をのべでカウントしているのは、なんども逮捕された役員や組合員がいるからだ。武《たけ》建一委員長はじつに六回、湯川裕司副委員長は八回もくりかえし逮捕されている。ふたりとも勾留期間は一年五か月を超す（同前）。ほかにも三回逮捕された役員や組合員が五人、二回逮捕が九人もいる。かれらの多くはいったん保釈されたのち二〜三か月経ってから再逮捕された。

戦後七〇余年にわたる労働組合運動史のなかで、米軍占領下の一時期を除けば、これほど過酷な権力弾圧を受けた労働組合はないだろう。ましてや一年半足らずという短期間に六回も八回も逮捕された労組リーダーなど、戦前の社会運動においてすら見当たらないだろう。国策による労働組合解体作戦といえば三井三池（一九五九〜六〇年）と国鉄分割民営化（八七年）が双璧だが、いずれも組合分裂と大量解雇が中心だった。二〇一九年一二月に労働法学会の代表理事経験者らがよびかけて労働法学者七八人が「信じがたい弾圧事件を見過ごすことはできない」という異例の声明を発表したが、この声明は関西生コン事件を「戦後最大の労働組合弾圧事件」だとしている（一四二頁参照）。

一年以上にわたって権力弾圧の集中砲火を浴びつづけ、しかもこれと表裏一体の関係で生コン業界による大量の解雇や就労拒絶、脱退工作という大規模な不当労働行為を受けながら、関生支部は懸命に持ちこたえている。それは並大抵のことではない。

ないがしろにされた労働基本権保障

刑事事件とされているのは、ストライキやビラまき、建設現場のコンプライアンス活動、あるいは企業閉鎖に際して雇用保障を求める工場占拠闘争といった組合活動である。どれもごく当たり前の組合活動ばかりだ。

ちなみに、コンプライアンス活動とは、建設現場で横行する安全や品質、雇用や労働条件に関わる法令違反を調査して改善を申し入れる活動、そして生コンの安売りを規制して公正な取引環境実現を目的にした活動を指す。企業別の労働組合がほとんどの日本においては馴染みが薄いかもしれないが、こうした活動は世界的視野でみれば、海員、港湾、建設などの産業別労働組合では基本的な日常活動のひとつとしておこなわれている。事件性などまったくない。

それにもかかわらず、大阪、京都、滋賀、和歌山の四府県警が、これら組合活動を「恐喝未遂」「強要未遂」「威力業務妨害」といった罪名の刑事事件につぎからつぎへと仕立て上げてきた。大手ゼネコンの大阪支店前で、法律違反の実態を記したビラをまいただけで威力業務妨害容疑で逮捕、起訴された組合員が六人もいる。

労働組合弾圧といえば公安警察（警備部）というのがおきまりだが、もっとも事件数が多い滋賀と京都では、ヤクザ暴力団対策専門の組織犯罪対策課が捜査を担当している。ここに「関西生コン事件」の異様さがあらわれている。

労働組合活動は憲法二八条の労働基本権で保障されている。労働組合法一条二項には「刑事免責」、つまり暴力を除く正当な組合活動は刑事罰の対象としないと明記されている。だから、ほんらいは警察が組合活動に介入したり犯罪視することなどできない。いうまでもなく関生支部は労働委員会の資格証明を得た合法的労働組合であり、法人格ももっている。それにもかかわらず、労働基本権や刑事免責を完全に無視したところで、関生支部を「組織犯罪集団」であるかのように見做すことによって一連の事件はつくられているのである。れっきとした労働組合を暴力団扱いすることによって刑事免責のしばりにとらわれず、労働基本権保障を死文化させ、組合活動のあれこれを思うがままに事件化することができる。そんな実証実験をしているようですらある。

ルポライターで「関西生コンを支援する会」の共同代表のひとり、鎌田慧さんは、「関西生コン事件」は「労組壊滅作戦」だと、ズバリとその本質を言い当てている（東京新聞二〇一九年八月六日付「本音のコラム」）。

事件の発端

なぜこのような事態がおきているのか。

その発端は、二〇一七年一二月に関生支部と全港湾大阪支部がおこなったストライキだ。このストライキは、近畿一円の生コン業者団体に対し、「約束を守って運賃引き上げを実施しろ」という要求を突きつけたものだった。労働組合が運賃引き上げでストを打つには次のようなわけがある。

生コン業者は全国に三〇〇〇社もひしめきあっていて、高度成長期の過剰投資のツケで供給過多構造に陥っている。しかも、業者の九五パーセントが労働者数一〇～二〇人規模の零細事業者。それぞれの事業者が、販売先の建設会社（ゼネコン）とのあいだで対等な力関係で取引することなど不可能であり、原価割れの安売り競争を強いられてきた。倒産、閉鎖、労働条件切り下げが頻発した結果、生コン業者の輸送部門は下請化されていて、都市部では不安定な日々雇用労働者がミキサー車の運転手という工場がきわめて多い。関生支部の組合員の多くも日々雇用労働者である。

こうした業界において、労働組合が零細事業者や下請輸送会社と企業別に労使交渉を重ねたところで雇用の安定や賃金引上げなど実現できるものではない。そこで関生支部は、生コン業者の団結を促し、協同組合に結集することで共同受注・共同販売（安売り防止のカルテル。中小企業協同組合法は独占禁止法の適用除外としている）を推進することを政策提起。労使が協力して適正価格収受と取引条件改善を目標とする業界再建にあたってきた。そして、生コン価格が原価割れ状態から脱出して適正化されたあかつきには、適正価格で得た利益を運賃引き上げによって下請輸送業者に還元し、それを原資にして労働者の賃上げや雇用条件改善を実現する。

これが企業横断的な産業別労働組合としての産業政策であり、一九九四年発足の大阪広域生コンクリート協同組合（大阪広域協組）は模範的な実例だった。工場閉鎖や倒産が五〇社以上を数えた一九九〇年代初頭、大阪府下の生コン価格（一立方メートル当たり）は原価割れの一万円以下だった。それが組織率がほぼ一〇〇パーセントとなった二〇一五年に一万一八〇〇円に回復し、二〇一七年には一万五八〇〇円と三割以上も上昇。生コン業者はかつてない大幅な利益を計上できるようになった。

こうした経緯を背景に、関生支部など労働組合側は二〇一六年春闘以降、約束どおり運賃を引き上げるよう強く要求。大阪広域協組側は二〇一六年にはミキサー運転手の正社員と日々雇用の割合が三対七にまで悪化している現状をまず五対五に改善すること、そして、生コン輸送や原材料のバラセメント輸送の運賃引き上げを実現することを約束し、労使協定を締結した。二〇一七年春闘においても運賃引き上げは再確認された。しかし、秋が過ぎても約束は履行されない。そこでストライキとなったのだった。

これに対し、京都、奈良、和歌山などの業者団体は要求受け入れを表明した。ところが、大阪広域協組は回答すら示さず、それまでの協力関係から掌を返したように態度を変えた。「ストライキは威力業務妨害」「関生支部は組織犯罪集団だ」と非難して、全面対決姿勢をむき出しにしたのである。

年が明け二〇一八年になると、大阪広域協組執行部は「関生支部を業界から一掃する」「対策費として一〇億円を用意した」と豪語。ヘイトスピーチを主導した人物たち数十人を傭兵のように使いだした。関生支部を「ゆすり・たかりのプロ集団」などと貶《おとし》めるデマ宣伝をYouTubeなどで拡散させる一方、関生支部の組合事務所襲撃事件や争議現場への殴り込み事件をおこした。驚いたことに大阪広域協組の理事長ら幹部も、これら一連の事件ではレイシスト集団と一体となって行動したのだった。まさに異様というほかない事態がつづいた。

大阪広域協組執行部はさらに、関生支部の組合員が多数を占める加盟工場や生コン輸送会社を力尽くで業界から排除しようと試みた。相互扶助の理念をかかげる協同組合であるにもかかわらず、ある生コン業者に対しては仕事を完全に干し上げた末に協同組合から除名するという暴挙を犯した。しかし同年六月、大阪地裁が除名無効などの決定を下したことで、大阪広域協組執行部の関生支部排除はいったん頓挫した。だが、その段階で助け船を出すかたちで近畿一円の警察がいっせいに組合弾圧を開始した――それが「関西生コン事件」の序章にあたるできごとの概要である（これらの点については前著『ストライキしたら逮捕されまくったけどそれってどうなの？（労働組合なのに…）』をぜひ参照していただきたい）。

三つの側面

この「労組壊滅作戦」は三つの側面で成り立っている。

第一の側面は、大量逮捕、大量起訴、長期勾留である。あたりまえの組合活動を刑事事件化することで、投網《とあみ》を打つように大量の組合員を逮捕、起訴。支部委員長をはじめとする組合幹部については恣《し》意《い》的な逮捕をくりかえして長期勾留を強いる。こうして関生支部を機能不全に追い込むと同時に、数え切れないほどの任意出頭（正確に把握できていないが二〇〇件以上と推定される）や家宅捜索をくりかえして、組合員を関生支部から離反させている。

第二の側面は、組合脱退を働きかける警察と検察の違法な取り調べである。逮捕された組合員の多くが取り調べを口実に「労働組合をやめろ」と迫られ、検察も組合員の家族に対して電話で組合脱退をあからさまに働きかけている。加えて、組合活動を事実上禁止する裁判所の保釈許可条件である。すでに多くの組合役員や組合員が保釈されてはいるものの、かれらは仲間と自由に会ったり話したりすることを、電話やメールまでふくめて禁止されている。組合事務所への立ち入りを禁止された組合役員もひとりやふたりではない。

第三の側面は、警察・検察と表裏一体にすすめられている大阪広域協組や各企業による大がかりな不当労働行為である。逮捕を理由にした懲戒解雇、逮捕されてはいないが関生支部の組合員であることを理由とした解雇、組合員であることを理由にした日々雇用労働者に対する就労拒否、さらには働きつづけたければ関生支部を脱退しろと、警察、検察、裁判所の組合弾圧を隠れ蓑にして、というよりも錦の御旗のように利用して、あからさまな不当労働行為がくりひろげられている。

以下、まずどのような組合活動が事件とされているのか、その概要をみたうえで、この三つの側面を具体的に説明することにしよう。

2 どのような組合活動が事件とされているのか

表1は、最初の逮捕者が出た二〇一八年七月以降の流れを時系列に並べた事件一覧である。ひと月に二回も逮捕者が出たときがなんどもあって、二〇一九年七月はひと月に三回も逮捕者が出たことがわかる。

「フジタ事件」では二〇一八年七月から一九年二月にかけて五回に分けて逮捕者が出ているが、これは事件としてはひとつ。なぜそのような捜査手法が取られたかは後に説明するが、「フジタ事件」はひとつの事件なので、それをふまえて勘定すると、二〇年二月の時点で、事件化された組合活動は一三件。組合役員や組合員は一八回にわけて逮捕されたことになる。

つぎに、各府県警がどのような組合活動を事件化してきたかを整理したのが表2である。各府県警によって事件のつくられ方に大きなちがいがある。以下、府県警ごとに事件のあらましをみてみよう。

大阪府警（ストライキ事件）

すでにみたとおり関生支部と全港湾大阪支部は二〇一七年一二月にストライキ闘争を実施した。このとき、組合員は各生コン工場や輸送会社でいっせいにストに入ると同時に、ストライキの実効性を確保するため、生コン工場に原材料のセメントを供給する近畿一円の四二か所のセメント出荷基地（サービスステーション＝ＳＳ）に出かけてビラをまきながら、運転手や業者にストライキに協力するよう働きかける組合活動をおこなった。このようなストライキとそれに伴う組合活動は二〇〇〇年代以降の通常の闘争戦術だったし、ほとんどの場合、各生コン工場や輸送会社、各地のＳＳもストライキとそれに付随した組合活動に協力してきた。

今回もほとんどの生コン工場やＳＳはストにも協力よびかけ活動にも協力的だった。しかし、のちに事件の舞台となる宇部三菱大阪港ＳＳと中央大阪生コンの二か所をはじめいくつかのＳＳはスト開始前から大量の警察が出動し、出荷強行のかまえだった。大阪港ＳＳにおいては、ふだんはいないセメントメーカーの社員や隣接する生コン工場（関西宇部＝木村貴洋大阪広域協組理事長の出身母体）の社員までが集結。ＳＳにやってくるバラセメント運搬車をかれらが取り囲んで、組合員がビラを渡したり話しかけようとするのを妨げた。

そして、スト終結から九か月後の二〇一八年九月、さらに同年一〇月、同年一一月の三回に分けて、のべ二八人が逮捕された。証拠隠滅や逃亡のおそれなどあるはずもないのに、任意出頭のよびだしもなしに逮捕は強行されたのである。

検察の起訴状は、宇部三菱大阪港ＳＳにおいて、「車両の前面に立ちはだかるなどして入場及び出場を阻止し、威力を用いて業務を妨害した」としている。ところが実際の様子はそれとは相当に異なる

表1　権力弾圧事件一覧（時系列順）

2020年1月21日現在

	逮捕理由	起訴	被告		罪名
			組合	業者	
	恐喝未遂	18/08/08		3人	恐喝未遂
	恐喝未遂	18/08/30	1人	2人	恐喝未遂
	恐喝未遂	18/09/18	3人		恐喝未遂
	威力業務妨害	18/10/09	7人		威力業務妨害
	威力業務妨害	18/10/30	5人		威力業務妨害
	威力業務妨害	18/12/11	3人		威力業務妨害
	威力業務妨害	18/12/18	8人		威力業務妨害
	恐喝未遂	19/02/26	15人		恐喝未遂（9）、威力業務妨害（6）
	恐喝未遂	19/03/08	1人		恐喝未遂
	恐喝	19/04/26	2人		恐喝
	威力業務妨害	19/07/09	4人		威力業務妨害
	強要未遂・恐喝未遂	19/07/10	5人		強要未遂・恐喝未遂
	恐喝	19/08/07	2人		恐喝
	威力業務妨害	19/08/09	4人		威力業務妨害
	強要未遂・威力業務妨害	19/08/09	3人		強要未遂・威力業務妨害
	威力業務妨害	19/08/30	1人		威力業務妨害
	恐喝	19/09/25	2人		恐喝
	強要未遂・威力業務妨害	不起訴	―	―	
			66人	5人	

	逮捕	事件名	捜査	逮捕者	
				組合	業者
1	18/07/18	フジタ事件（第1次）	滋賀		4人
2	18/08/09	フジタ事件（第2次）	滋賀	1人	2人
3	18/08/28	フジタ事件（第3次）	滋賀	3人	
4	18/09/18	宇部三菱大阪港ＳＳ事件	大阪	16人	
5	18/10/09	中央大阪生コン事件	大阪	8人	
6	18/11/21	宇部三菱・中央大阪事件	大阪	4人	
7	18/11/27	セキスイハイム近畿事件	滋賀	8人	
8	19/02/05	フジタ事件（第4次）	滋賀	15人	
9	19/02/18	フジタ事件（第5次）	滋賀	1人	
10	19/04/11	タイヨー生コン事件	滋賀	2人	
11	19/06/18	日本建設事件	滋賀	4人	
12	19/06/19	加茂生コン事件	京都	5人	2人
13	19/07/17	近畿生コン事件	京都	2人	
14	19/07/17	東横イン電建事件	滋賀	4人	
15	19/07/22	和歌山広域協組事件	和歌山	3人	
16	19/08/20	日本建設・東横イン電建事件	滋賀	1人	
17	19/09/04	ベストライナー事件	京都	2人	
18	19/11/14	和歌山広域協組事件	和歌山	2人	
				81人	8人

注：捜査機関＝滋賀県警、京都府警は組織犯罪対策課。大阪府警は警備部。和歌山県警は海南署。

表2 どのような組合活動が事件とされているのか

滋賀県警

日付	事件名	逮捕者（起訴）	事件とされた組合活動
18/07/18	フジタ事件（1次）	4（3）	安全・品質をないがしろにする法令違反や、生コンの安売りなど不公正な取引を規制するコンプライアンス活動が、1年以上経ってから、「恐喝未遂」「威力業務妨害」とされた。汚水の垂れ流しなど違法行為を記載したビラを配布しただけの組合員も威力業務妨害で逮捕・起訴されている。
18/08/09	フジタ事件（2次）	3（3）	
18/08/28	フジタ事件（3次）	3（3）	
18/11/27	セキスイハイム事件	8（8）	
19/02/05	フジタ事件（4次）	15（15）	
19/02/18	フジタ事件（5次）	1（1）	
19/04/11	タイヨー生コン事件	2（2）	
19/06/18	日本建設事件	4（4）	
19/07/17	東横イン電建事件	4（4）	
19/08/20	日本建設・東横イン電建事件	1（1）	
		45（44）	

和歌山県

日付	事件名	逮捕者（起訴）	事件とされた組合活動
19/08/20	和歌山広域協組事件	3（3）	元暴力団員を使って組合結成を妨害した業者団体に抗議・謝罪を求めたことが「強要」「威力業務妨害」とされている。
19/11/14	和歌山広域協組事件	2（不起訴）	
		5（3）	

注：数字は事業者の逮捕者数を含む。

大阪府警

日付	事件名	逮捕者（起訴）	事件とされた組合活動
18/09/18	宇部三菱ＳＳ事件	16（7）	運転手の賃金引き上げの原資となる運賃引き上げの約束を守れと要求したストライキが、9か月後に「威力業務妨害」事件とされた。
18/10/09	中央大阪生コン事件	8（5）	
18/11/21	宇部三菱・中央大阪事件	4（3）	

28（15）

京都府警

日付	事件名	逮捕者（起訴）	事件とされた組合活動
19/06/19	加茂生コン事件	7（5）	日々雇用労働者の正社員化や保育園に提出する「就労証明書」を要求したことが「強要」。破産や企業閉鎖に対し、工場占拠やストライキで雇用保障の解決金を獲得した労働争議（いずれも3年前、5年前に解決済み）が「恐喝」とされた。
19/07/17	近畿生コン事件	2（2）	
19/09/04	ベストライナー事件	2（2）	

11（9）

逮捕合計　89　起訴合計　71

ものだったことが翌二〇一九年春の大阪地裁公判であきらかになった。組合員は車両の斜め前からビラを渡そうとするなどしてストへの同調をよびかけていたにすぎなかったのである。組合側弁護団が、検察側証人として出廷したセメント運送会社の管理職を反対尋問で質したところ、車両の前面に立ちふさがっていたのは一〇人弱の会社側の社員だったこと、また、会社側は「車両が通過します」「業務を妨害しないで」などと書かれたプラカードを掲げ、その場面をビデオで映像に収めることをスト三日前に打ち合わせていたことなどを管理職は認めた。威力業務妨害事件は仕組まれた「自作自演」の疑いが濃厚である。

また、この事件では、スト現場にはいなかった武委員長ら組合役員がスト計画を協議したことを理由に逮捕されている。「話し合うことが罪になる」と批判された共謀罪のリハーサルだと共謀罪対策弁護団は指摘している。

滋賀県警（コンプライアンス事件）

組合のコンプライアンス活動、つまり建設現場の不正防止と公正取引の実現を求める活動が「恐喝未遂」事件や「威力業務妨害」事件にされている。捜査を担当したのは滋賀県警組織犯罪対策課である。

建設現場では法令違反が横行している。労働災害は長年にわたり全業種中トップであり、巨大プロジェクトをになうスーパーゼネコンやハウスメーカーに至るまで、建設業界では手抜きや大規模な欠陥工事が後を絶たない。企業利益を優先し、現場労働者のいのちや健康、消費者の財産を犠牲にする価格競争が、法令違反と不正行為を再生産しているのだ。

一九九五年阪神・淡路大震災は、阪神道路や山陽新幹線など一瞬にして倒壊したコンクリート構造物の倒壊原因が、安売り競争による欠陥生コンにあったことを明らかにした。私たちはその教訓をふまえて、ゼネコンの価格ダンピングと品質軽視を規制することで適正販売価格を実現すること、それによって生コン業者の経営安定、労働者の雇用安定、建造物の品質確保を三位一体で実現することをめざす産業政策を確立した。その日常活動が「コンプライアンス活動」である。

最近の活動スタイルは三人一組でおこなう現場巡回活動だ。法令違反を発見すると、ひとりが現場監督に申し入れをおこない、もうひとりが自治体担当課や労働基準監督署、交通警察などに通報し、臨場して改善指導するよう要請する。残りのひとりがその様子をビデオで記録するのである。ゼネコンが品質管理のずさんな安売り生コン業者を使っていれば、安定供給と品質保証が約束できる生コン協同組合から仕入れるよう働きかける。

最初に事件とされたのは、準大手ゼネコン・フジタが滋賀県東近江市で施工していた飲料メーカー・チェリオの物流倉庫増築工事の現場のコンプライアンス活動だった。二〇一七年三月、関生支部の担当者らが、工事現場の「軽微な不備に因縁を付け、(フジタの現場監督に)その対応を余儀なくさせてその間業務を中断させる嫌がらせを繰り返し」た。他方で、関生支部と提携関係にある湖東生コン協同組合が、生コンクリートは協同組合から購入しなければ「大変なことになりますよ」などと申し向けて、「フジタの信用に害を加える旨気勢を示して脅迫したが、その目的を遂げなかった」というス

表3 コンプライアンス違反（フジタの現場事例の一部）

◉危険なダンプカーの出入り

・車両後部のバンパーが外れている
（他の自動車が追突した際に突入を防止できない＝道路運送車両法の保安基準違反）

・タイヤが磨り減ってスリップサインが出ている（ブレーキが効かない）

◉移動式クレーンの吊り荷下での作業

◉移動式クレーンの転倒防止策が不十分

・アウトリガー（クレーンが転倒せぬよう車体の左右から出される脚のようなもの）が全部張り出しされていない（クレーン等安全規則違反）

◉専任の管理技術者不在の疑い（建設業法違反）

トーリーで事件はつくられている。

　検察は巧みだ。「軽微な不備に因縁を付け」る関生支部のやり方を示す具体例として、「カラーコーンが道路使用許可なしに置かれている」「仮囲いが一センチメートルほど境界を越えている」と指摘した行為を起訴状に書いている（傍点は筆者）。これを読んだ裁判官が、なるほど重箱の隅をつつくように些細な不備に目くじらを立てて現場監督を呼び出しては仕事を中断させていたんだな、これではヤクザや暴力団の「ゆすり・たかり」と変わらないじゃないか――そのような印象をもつように書かれているのである。

　しかし、実際の法令違反は決して軽微な不備として片付けられるものではなかった。表3は実際の指摘事項だ。クレーンの吊り荷の下で作業させる、クレーンの転倒防止策がとられていない、リアバンパーが外れたままのダンプカーが出入りしている、ダンプカーのタイヤがつるつるに磨り減っているなど、いずれもその危険性の高さが明確な事例ばかりだった。念のため言えば、ほとんどが罰則付きの法令違反。だから警察も臨場して指導していたのである。

ちなみに、湖東生コン協同組合の営業担当者らが、協同組合に加盟していない安売り業者から生コンを購入すると安定供給や品質保証で不安があるのではないかと指摘し、だから協同組合から生コンを買ってほしいと申し入れることは通常の営業活動以外のなにものでもない。

それから一年以上経った二〇一八年七月、協同組合理事長らと関生支部が共謀してフジタを脅迫した「恐喝未遂」事件とされたのである。滋賀県警は、このフジタ事件で逮捕された組合員に対し「コンプラ活動は二度とやらせない」「現場ごとに事件にする」とすごんでみせたのだが、その言葉どおり、同年一一月には「セキスイハイム近畿事件」、翌一九年六月「日本建設事件」、同年七月「東横イン電建事件」と、つぎつぎに事件に仕立て上げられていった。

京都府警（労働争議が恐喝事件）

京都府警は、団交拒否など不当労働行為に対する抗議行動を「強要未遂」事件、破産や企業閉鎖に対して協同組合に雇用保障を求めた労働争議を「恐喝」事件に仕立て上げた。ここでも捜査は組織犯罪対策課である。

まず加茂生コン事件。これは二〇一七年一〇月、常用的な日々雇用の生コン運転手が組合加入して生コン会社（京都府木津川市）に団体交渉を申し入れたところ、会社が団体交渉を拒否すると同時に、工場を別会社（経営者も所在地も同じ）に吸収合併させて廃業したと称して、組合員を事実上解雇したことが発端だ。組合員が子どもの保育園入所に必要な「就労証明書」に社印を押してほしいと頼んだところ、会社は、組合加入以前は毎年押印していたのに、加入後は拒否した。これに対する関生支部の抗議活動が、一年半後に「正社員として雇用するよう不当に要求した疑い」（京都新聞）の「強要未遂」事件とされた。

さらに、加茂生コンは廃業してプラントを解体すると協同組合に約束していた。ところが、翌年の春になっても解体作業をはじめる気配がない。事業再開を疑った関生支部は監視活動をつづけ、協同組合の理事長も約束を守るよう迫った。閉鎖された工場を別業者が買い取って安売り工場に生まれ変わるケースは珍しくないからだ。この監視活動や約束を守れと求めた言動も、のちに協同組合理事らと関生支部の共謀による「恐喝未遂」事件とされている。

加茂生コン事件が異様なのは、団交拒否、就労証明拒否、偽装閉鎖などについて、大阪府労働委員会で不当労働行為事件としてすでに審査がすすめられていたことだ。証人尋問も終了して和解調査が二〇一九年六月二〇日に予定されていた。ところが調査期は前日の六月一九日、京都府警が乗り込んで来て組合役員と組合員を五人、さらに協同組合理事長ら二人を強要未遂と恐喝未遂容疑で逮捕したのだ。警察が（しかもマル暴対策チームが）殴り込みをかけて労働事件を乗っ取ったという前代未聞のできごとなのである。

二〇一九年一二月、大阪府労働委員会は、加茂生コンの団交拒否などを不当労働行為と認定して救済命令を下している（労使双方が中央労働委員会に再審査申立中）。

一方、「近畿生コン事件」と「ベストライナー事件」は破産と企業閉鎖に対する雇用確保闘争が「恐喝」事件とされたものである。いずれも協同組合理事会が雇用保障と解決金の支払いを決議して、前者は三年前、後者は五年も前に解決済みだった。ところが組織犯罪対策課が生コン業者らを任意出頭と称して執拗に呼び出し、一年かけてついに被害届を出させて事件化したのである。企業倒産における雇用確保のための工場占拠闘争は多くの労働組合がおこなってきたが、こうした組合活動が警察の手で刑事事件に仕立て上げられうるということを意味している。

和歌山県警（抗議活動が強要事件）

和歌山県の事件も異様である。二〇一七年八月、元暴力団員らが関生支部の組合事務所周辺を徘徊したり、組合役員を威嚇する事件がおきた。関生支部が、日頃から暴力団関係者との関係を誇示していた業者団体役員に謝罪を求めて抗議行動にとりくんだ。これが二年後の二〇一九年七月、「強要未遂」「威力業務妨害」事件とされ、組合役員三人が逮捕された。ただし、抗議行動の先頭に立っていた元組合員は逮捕されなかった。この元組合員は半年前に滋賀県警に逮捕され、起訴後に保釈されたあとで組合を脱退。大阪広域協組と警察に率先して協力しているからだとみられている。

四か月後の同年一一月、さらに湯川副委員長と西山執行委員の二人が逮捕された。西山執行委員は九月に保釈されたばかりで、しゃにむに幹部を勾留しつづけておこうとする意図が明白だった。弁護団の強い抗議で、二人は結局二週間後に釈放され、年末には不起訴が確定している。

3 労組壊滅作戦の実態

恣意的な長期勾留の手法

それでは「関西生コン事件」の三つの側面をみていこう。

まず第一は、大量逮捕、大量起訴、長期勾留である。

すでにみたとおり、一連の事件で関生支部の武建一委員長は六回、湯川裕司副委員長は八回もくりかえし逮捕されている。捜査にあたる滋賀、大阪、京都、和歌山の四つの警察は、常日頃は犬猿の仲だと言われているにもかかわらず見事なまでの連係プレーをみせ、一つの事件でふたりの保釈申請が許可されそうになると別の事件で逮捕して、切れ目なく長期勾留をつづけてきた。

そのなかでも滋賀県警が最初に立件したフジタ事件の手法はきわめて恣意的だ。事業者をまず逮捕する。信用不安をおそれる中小企業家の弱みにつけこんで、警察・検察は自ら描いた事件ストーリーに合わせた供述調書を意のままに取る。それをもとに組合員の逮捕に移るのだが、ここでは前例のない手法が用いられた。フジタ事件では組合の逮捕者は二〇人、事業者は六人の計二六人に及ぶが、いちどに全員が逮捕されたのではなく、二〇一八年七月一八日に四人、八月九日に三人、同月二八日に三人、一九年二月五日に一五人、同月一八日に一人と、五回に分けて逮捕されたのだった。最初の逮捕の七月時点で、警察や検察は関生支部の役員や現場でコンプライアンス活動に参加した組合員の氏名などは事業者の供述調書でとっくに全部つかんでいた。それにもかかわらず、八月に逮捕された組合役員らの起訴状は、「武委員長、湯川副委員長らと氏名不詳者らが共謀して軽微な不備に因縁をつけ、恐喝未遂をした」(傍点は筆者)といった具合に書かれている。つまり、氏名不詳の共犯者がまだいて、事件の全容解明に至っていない。したがって逮捕した武委員長や湯川副委員長らを保釈してしまえば、これら共犯者と口裏合わせをするなどして「証拠としての共謀の構造」が隠滅されかねないから保釈は許可すべきでない――。

その後も、「氏名不詳者」を残す逮捕、起訴をくりかえす。こうして、まさに恣意的な長期勾留は可能となったのである。

武委員長は滋賀県警のフジタ事件で二〇一九年春が過ぎてようやく保釈可能な時期が来ると、次は同年六月から京都府警の三つの事件で連続的に逮捕された。湯川副委員長はさらに苛烈で、おなじようにフジタ事件で保釈可能な二〇一九年春が過ぎると同年六月~七月に京都三事件、つづく八月には滋賀県警によるコンプライアンス事件(「日本建設・東横イン電建事件」)と逮捕をくりかえされ、京都と滋賀の警察や拘置所を引き回されたのだった。

警察と検察が「労働組合やめろ」

第二は、警察・検察の違法な取り調べと組合活動を禁止する裁判所の「保釈許可条件」である。

コンプライアンス活動で滋賀県警に逮捕された組合員の横山さん（仮名）の場合、朝六時前に自宅にやってきた滋賀県警に逮捕されたのだが、腹をくくっていたかれは、取り調べに対して「黙秘します」と通告した。警察は、「ほんとうにそれでいいのか。近いうちに自宅に行って奥さんやご両親からも話を聞かなければならなくなる」「黙秘していると保釈できない」「今回の事件では武委員長たちは重い罪に問われることになる。オウム事件を知っているだろう？ オウム事件ではサリンをまいた犯人も、現場まで犯人を乗せて車を運転していただけの人も同じ罪になったのを知っているか？ 君も黙秘していると武委員長と同じ罪になるぞ」と脅した。家族に会えず眠れぬ夜がつづいた横山さんは、それでも仲間を思って黙秘をつづけた。

すると警察は、「組合は保釈金のことで内輪もめしている」「嫁さんが耐えられない、このままなら離婚することも考えていると言っていたぞ」「他の人間はもうしゃべっているぞ」と揺さぶりをかけてきた。離婚の二文字に動揺し、ほかの仲間もしゃべっているなら自分も黙秘をやめようかという気になった。しかし、その直後に弁護士が接見に来て「奥さんはそんなこと言ってませんよ」と教えてくれたので気を取り直すのだが、その後ふたたび取調室に呼ばれると、そこには「組合をやめます」「組合の弁護士を解任して国選に替えます」などと書かれた供述調書が用意されていて、サインを求められた。横山さんは警察の汚い手口に怒りを新たにして黙秘を貫き、保釈されるまでがんばった。

組合員の高田さん（仮名）もコンプライアンス活動に参加して逮捕されたひとり。高田さんは離婚して中学校に通う息子と二人暮らしだった。

高田さんも逮捕後は黙秘でがんばるのだが、息子のことが心配でたまらなかった。そんなかれに警察は、「事件のことはおよそ分かっているから聞かなくてもいいんだ。それより、どうして組合活動をしているのか。やめたらいいじゃないか」とくりかえした。「組合をやめていたら任意出頭で終わらせたんだがな。いまからでもやめるんだったら良い方法を考える」「逮捕歴のついたオヤジはイヤだろうな。子どものためにもやめたほうがいいんじゃないか？」などと、事件のことはそっちのけで組合をやめるようにとしか言われなかった。

こうした事例は氷山の一角にすぎない。

しかも、滋賀県警の場合、二〇一九年九月の公判で大津地検が今後の追起訴はないとして捜査終結を明言したにもかかわらず、その後も任意出頭と称して組合員に対するよびだしを現在もくりかえしているのである。

検察も組合脱退をはたらきかけている。大阪地検の担当検事は、二〇一八年九月以降、ストライキ事件で逮捕された組合員の家族の携帯に片っ端から電話をかけ、組合脱退をはたらきかけた。長野さん（仮名）の妻の場合、家族の生活や収入などを根掘り葉掘り問い質したうえで、「組合がどんな活動をしているのか知っているか？　他人の仕事を妨害するようなことをしているのを知っているか？」、さらには、「ご主人はやがて保釈されるだろうが、組合をつづけているとまた逮捕されることになりますよ。組合をやめるように奥さんからも説得したほうがいいんじゃないの？」などと長々と話しつづけた。

裁判所が組合活動を禁止

関西生コン事件では裁判所の「保釈許可条件」も異常のひとことに尽きる。

二〇二〇年一月末日現在、勾留されているのは武委員長と湯川副委員長の二人。ほかの組合役員や組合員は保釈されている。しかし、保釈されたといっても逮捕前とおなじように自由な組合活動に復帰できたわけではない。裁判所の保釈許可決定には、威力業務妨害や強要などの被害者とされる事業者や協同組合関係者と並んで、共犯関係にあるとされた組合員たちの氏名が数多く列記されていて、かれらと面会はもちろん、電話やメールなどによる接触も一切禁止するという条項が付けられているからだ。だから、組合員同士で会うこともできない。一緒に会議や集会に参加できない。かつての弾圧事件の場合なら、保釈後に組合事務所で逮捕された仲間を囲んで慰労会をひらき、仲間同士で苦労話をしたり励ましあったりできた。それがこの一年半以上、ただの一回もできていないのである。街のなかでも接触禁止の対象とされた仲間とばったり出くわしたりしないか気を配らねばならない。

組合事務所への出入禁止条項を付けられた組合役員もひとりやふたりではない。

このような保釈条件は憲法違反にほかならないのだが、大阪地裁を除く、大津、京都、和歌山の三つの裁判所が横並びにこうした信じがたい条件をつけているのである。

もっとも過酷なのは和歌山広域協組事件で逮捕された役員のケース。かれは関生支部の専従役員だから職場は組合事務所である。裁判所はそのかれに対し、「関生支部の関係者と一切接触してはならない」「組合事務所に立ち入ってはならない」との保釈条件をつけたのだが、裁判官はそれがどういう意味をもつのか想像力を働かせて考えたことがないのではなかろうか。

業界あげての不当労働行為

第三は、警察・検察の逮捕劇と表裏一体となった業界ぐるみの組合排除作戦である。

あまりに膨大な刑事事件に目を奪われてしまいがちだが、大阪広域協組がおこなっている不当労働行為の規模もかつてない。

二〇一七年一二月のストライキ直後、大阪広域協組執行部は「組織犯罪撲滅対策本部」なるものを設置し、加盟業者に対して矢継ぎ早に指示を出した。第一弾が「協組加盟の各社は、関生支部と個別の面談、交渉、接触をしてはならない。違反した場合は厳正に対処する」という指示文書だった。「厳正に対処」が、従わなければ協組が受注した仕事をその工場には割り付けないぞ、という意味であることはあきらかだった。これによって各社は関生支部からの団体交渉申し入れをいっせいに拒否するようになった。

次いで大阪広域協組執行部は、「連帯系輸送会社は使うな」と指示した。「連帯系」とされた輸送会社は一〇社以上あり、いずれも関生支部の組合員が運転手の大多数を占めていたり、関生支部のＯＢが経営する会社である。先にみたとおり、大阪府下では生コン業者の大半が輸送部門を下請化している。これ以降、連帯系と名指しされた輸送会社はどの生コン工場からもいっせいに輸送業務から外される。窮地に陥った輸送業者は組合員に関生支部脱退を懇願した。

さらに、関生支部に所属する日々雇用の組合員が数百人の単位でいっせいに就労拒否された。実質的な解雇というべき事態である。

また、逮捕されたことが「会社の信用を毀損した」として解雇された組合員が何人もいる。逮捕されたとはいえ裁判で決着がつくまでは「推定無罪」という司法の原則などおかまいなし。警察の威を借りてこの機を逃さず解雇して、大阪広域協組執行部の歓心を買おうというのである。

二〇一九年四月には、関生支部の影響力が強い奈良県の拠点職場で、大阪広域協組の幹部たちが後ろ盾になり、組合員に難癖を付けて解雇する事件もおきた。七年も八年も前に子犬を助手席に乗せて運転していたことがあるとか、労使協定で組合活動に専従していたため「出勤していない」ことなどを理由に二つの工場で一〇人以上が解雇された。それを見た組合員の脱退もおきた。

京都では、警察に詰め寄られた協同組合が二〇一九年七月、「連帯労組との絶縁」を決議。その後、各社が組合員に脱退を懇願する事態があいつぎ、長年にわたり地域の拠点だったバードという輸送会社は生コン会社から輸送契約を一方的に解除され、一一月には破産を申し立てた。バードは、関生支

表4 主な不当労働行為事件

2019/10/21 組合勝利命令
就労拒否と団交拒否は労働組合法7条違反と判断し、就労提供と賃金相当額5割の支払いを命令。

	事件名	係属	内容
1	徳島事件	府労委	日々雇用者の就労拒否と団交拒否
2	藤原生コン輸送事件	府労委	日々雇用者の就労拒否と組合差別
3	光榮・昌榮事件	府労委	日々雇用者の就労拒否と協定不履行
4	三和商事事件	府労委	日々雇用者の就労拒否
5	寝屋川コンクリート事件	府労委	日々雇用者の就労拒否
6	旭生コン事件	府労委	日々雇用者の就労拒否
7	堺臨海生コン・臨海運輸事件	府労委	日々雇用者の就労拒否と組合差別
8	五一事件	府労委	組合員の就労拒否と組合差別
9	タイコー事件	府労委	日々雇用者の就労拒否と協定不履行
10	加茂生コン事件	府労委	労働者性、団交拒否、解雇
11	北川建材事件	府労委	逮捕を理由とした解雇
12	ナニワ生コン事件	府労委	逮捕を理由とした解雇
13	吉田生コン事件	奈良地裁	組合員であることを理由に解雇
14	大阪広域協組事件	大阪地裁	一連の不当労働行為

2019/12/12 組合勝利命令
廃業等の経緯と雇用について団交行えと命令。

部が関西の有力生コン業者である灰孝の組合つぶし攻撃との六年越しの大闘争に勝利したのち、太平洋セメントと灰孝が組合員の雇用の受け皿として設立した輸送会社である。破産は、太平洋と灰孝が協組絶縁決議に便乗して組合員排除を強行した不当労働行為にほかならない。

こうした関生支部排除の不当労働行為に対し、二〇件以上の裁判や労働委員会事件が進行している（その一部が表4）。そして、二〇一九年一〇月に徳島事件（就労拒否、団交拒否）で最初の救済命令が出たのをはじめ、加茂生コン事件（団交拒否、解雇）でも勝利命令が出されている。

4 「関西生コン事件」の本質はなにか

誰得？

この労組壊滅作戦は、いったい誰が、なんのために仕掛けているのか。

関生支部の力を利用した大阪広域協組が、生コン価格適正化に成功した瞬間に関生支部排除に舵を切り、業界再建の果実だけを奪い取ろうとしたことは誰にでもわかる。しかし、それだけではないだろう。これだけの警察力がたかだか生コン業者たちの私利私欲のためだけに動員されるわけがないからだ。

ここ数年の生コン価格の推移をみれば、その向こう側に答えが透けて見えてくるかもしれない。

一九九四年、大阪広域協組設立準備会が作成した「生コン価格原価表」がいま手元にある。これをみると、生コン一立方メートル当たりの原価は、セメントや砂利、砂などの原材料費だけでも八〇〇〇円かかる。製造経費一六〇〇円、輸送費三六〇〇円、一般管理費七〇〇円などを足すと一万三九〇〇円になる計算だ。

ところが当時の販売価格は一万円を割り込んでいた。だから倒産、閉鎖があいついだわけだ。いいかえれば、原価計算表の数字は、ゼネコンが当時、どれほど過酷に中小企業から搾り取っていたかを示す歴史的証拠といってもいいかもしれない。

それから二〇年以上の紆余曲折を経て、大阪広域協組の組織率がほぼ一〇〇パーセントとなった二〇一五年に大阪の生コン価格はようやく一万一八〇〇円。二年後の二〇一七年にはやっと四半世紀前の原価を上回る一万五八〇〇円にまで上昇した。現在は一万八〇〇〇円台となっている（数字は建設物価調査会）。この間の原材料費や人件費の物価上昇を考慮すれば、この価格は決して高すぎる水準とはいえない。

しかし、これをゼネコン側はどのように受け止めているだろうか。大阪広域協組の営業対象エリアの生コン需要はおよそ五五〇万立方メートル。二〇一五年から二〇一九年にかけての上昇幅を六〇〇〇円とみると、二〇一九年一年だけでも五五〇万×六〇〇〇円＝三三〇億円。つまり、ゼネコンからみれば、大阪の建設工事で得られたはずの三〇〇億円以上もの利益が生コン業界に奪い返される現状が生まれていることを意味しているのだ。

それまではいくらでも安値で買い叩けたのに、やれ生コン業者も団結して協同組合だ、中小企業と労働組合との協力関係だなどという厄介な仕組みができてしまったために、買い叩くどころか逆転現象がおきてしまった。

大阪だけではない。京都、滋賀、奈良、和歌山など、関生支部が影響力をもった地域の生コン価格は、いぜん低迷する首都圏を尻目に、軒並み同レベルで上昇している。近畿一円でゼネコンが生コン業界から搾り取れたはずの利益が、逆にどれほどのスケールで奪い取られていることになるだろうか。

大企業の利潤は下請業界の中小企業をバラバラにしておくことで生まれる。「カンバン方式」による過酷な下請収奪で二兆円もの純利益をあげるトヨタはその代表格だし、ゼネコンと生コン業界の関係もその縮図といっていい。協同組合をつくった中小企業が労働組合と一緒になって価格決定権を支配するような構図はガマンならない。一九八〇年頃の第一次権力弾圧の旗振り役を務めた当時の大槻文平日経連会長は、「関西の運動は資本主義の根幹に関わる」とその本音を語っていた。

これをなんとかぶち壊したい。そのためにはまず、業界を束ねている関生支部をつぶすことだ。関生支部をつぶしさえすれば、中小企業をバラバラにすることなどむずかしくはない。そう考えるのは大資本としては当然だろう。

大阪出身の足立康史衆議院議員が二〇一九年一一月、国会で「関西生コン事件」を取り上げた。足立議員は、関西生コンのような団体には破防法適用を議論すべきだなどとぶちあげる一方で、大阪万博やＩＲ（カジノ）など大型工事が控える大阪で生コン価格が激しく動いていると発言し、「生コン価格の急騰への対応」を求めた。ゼネコンの意図を代弁したものとみるのは邪推であろうか。

「見ざる、聞かざる、言わざる」

しかし、「関西生コン事件」が標的にしているのは決して関生支部だけではない。コンプライアンス活動がなぜ狙われたのかを考えてみればその答えはあきらかになるだろう。

すでにみたとおり、コンプライアンス活動は世界の産業別労働運動では基本的な活動であって、たとえばＩＴＦ（国際運輸労連）は日本をふくむ世界各地にインスペクターを配置している。インスペクターとは組合が指名した法令違反の査察担当者のことで、かれらは港に寄港する船を訪問して産業別労働協約や国際的な安全基準が守られているかどうかをチェックする。その船に組合員がいるかどうかは問わない。

ＢＷＩ（国際建設林業労連）も世界各国の建設現場で同様のインスペクション（査察）を日常的におこなっている。それにとどまらず、ワールドカップやオリンピックのような巨大イベントの施設工事については「メガスポーツ・キャンペーン」と銘打った国際調査団を派遣して労働環境をチェックする。二〇一八年秋には東京オリンピックにむけて突貫工事中の新国立競技場建設現場にも国際調査団を派遣した。そして、現場労働者から聞き取りをしたところ、一か月二八日もの過酷な長時間労働を強いられていること、コンクリートパネルを吊り上げた下で作業させられたこと、大雨の中でもコンクリート打設工事がおこなわれたことなど、安全と品質に関わる深刻な法令違反事例が判明した(ちなみに新国立競技場建設工事では二〇歳代の若い技術者が月一六〇時間以上の長時間労働で過労自死している)。

その際、BWI調査団は現場に貼られたポスターを見つけた。そこには、こんな「警告」が書かれていた。

「ここは『特別な』現場です」
「現場内で写真を撮ること
得た情報を流出させること
これをしたあなたは『国家機密漏洩者』です」
「あなたの軽率な行動が国家事業を揺るがす」

ちなみに「国家機密漏洩者」「国家事業を揺るがす」の部分はわざわざ赤い文字で書かれている。その含意ははっきりしている。「見ざる、聞かざる、言わざる」でおとなしく働けということなのだ。

大企業は利潤追求のために必ずといっていいほど法令違反、品質不正と手抜き、環境破壊を犯し、数えたらきりがないほどの犠牲を市民社会と労働者に及ぼしてきた。その歴史をいまここでふりかえる余裕はないが、水俣病にはじまる数々の公害事件の背景として、じつは労働者がその現場で危険を知りながら黙っていたこと、見て見ぬふりをしていた歴史的事実がある。このポスターを見て、労働組合としては自らの社会的責務をあらためて自覚し直す必要があると思わずにはいられない。

「公益及び公の秩序」

「コンプライアンス活動は二度とやらせない」と挑戦的な態度をみせた滋賀県警組織犯罪対策課の捜査員は、こうも発言していた。

「労働組合は会社のなかで賃金交渉だけしていればいいじゃないか」「関生支部は社会に出すぎている。だから削《けず》ったる。」

二〇一九年一一月に逮捕された関生支部執行委員の西山直洋さんは、和歌山県警の刑事から「君たちは労働組合法の解釈がまちがっている」と「お説教」されたという。

これらの発言が意味するところをどう考えたらいいのだろうか。そもそも、民事不介入が原則の警察が、どうして労働組合の活動のあり方についてあれこれ指図などできるのだろう。

そこで思い出されるのが自民党憲法改正草案のことだ。たとえば現行憲法二一条は「集会、結社及び言論、出版その他一切の表現の自由は、これを保障する。」と書かれている。ところが、自民党改憲草案はそのあとに次のような条項を付け加えている。

「前項の規定にかかわらず、公益及び公《おおやけ》の秩序を害する目的とした活動を行い、並びにそれを目的として結社することは、認められない。」

この「公益及び公の秩序」がくせ者だ。公益とはなにか。公の秩序とはなにか。そもそも公益や公の秩序を害していると、いったい誰が決めるのか。

そう、政府だ。害しているかどうかを判断し、取り締まるのは具体的には警察なのだ。

そう考えてみると、滋賀県警や和歌山県警の刑事の居丈高な言動は、決してかれら個人の性格によるものなのではないことに気づく。かれらは錯覚しているわけでもない。かれらはこの改憲草案の意図に忠実に職務を遂行しているにすぎないのである。

II

なぜ私たちは関西生コンを支援するのか

労働基本権保障への挑戦

――労働運動への権力弾圧

宮里邦雄［弁護士・元日本労働弁護団会長］

異常な大弾圧

全日本建設運輸連帯労働組合関西生コン支部に加えられている刑事弾圧事件「関西生コン事件」は、逮捕された組合役員、組合員の数八一人、起訴された者六六人という数字（二〇二〇年一月末日現在）からも察せられるとおり、近年例を見ない大規模かつ異常な事件である。

「関西生コン事件」は、組合が展開したストライキ闘争、企業に対するコンプライアンスを求める組合活動、ビラ配布活動などの諸活動が、「恐喝」「強要」「威力業務妨害」などの名目で犯罪視されたものである。いうまでもなく、憲法二八条の労働基本権保障の中核は、労働者の団体行動や争議行為に対する刑事罰からの解放（刑事免責）であり、労働組合法もこの原則を確認している（一条二項）。

ストライキ闘争や組合活動についての刑事免責の原則を踏まえるならば、組合活動を捜査の対象とするにあたっては、当然のことながら、ストライキや組合活動の正当性（目的の正当性と手段の相当性）という点を慎重に吟味することが要請されるはずである。

しかし、今回の警察・検察の対応をみると、正当性の有無を事実に基づいて検証することなく、一定の予断をもってあたかも「反社会集団」による暴力行為と同視し（一部の県警では「組織犯罪対策課」が捜査を行っている）、「事件」をつくりあげるという手法が採られていると言わざるをえない。

近年、労働組合組織率の減少とともに、労働争議が年々減少していることもあって、労働運動を直接ターゲットにした刑事弾圧事件はみられなくなったが、「関西生コン事件」にみる刑事弾圧に接する時、国家権力側の政治判断によっては、いつでも、どこでも「刑事弾圧」がありうることを労働運動の側に突きつけたといえる。

それだけに、改めて労働基本権保障と刑事免責の意義について確認しておく必要がある。

労働基本権保障と刑事免責

憲法二八条は、「勤労者の団結する権利及び団体交渉その他の団体行動をする権利はこれを保障する」と定め、労働者の団結権・団体交渉権・争議権（「労働基本権」）を憲法上の基本的人権として保障している。憲法の保障するこの「労働基本権」は、生存権（二五条）、教育権（二六条）、労働権（二七条）とともに、社会的基本権ないし生存権的基本権に属するものと位置づけられている。

憲法二八条の「保障」は法的には次のような意味をもつとされる。

第一は、国家は、労働者の団結および団結活動に支配・干渉してはならず、団結活動に対して刑罰権を発動してはならないということである。いいかえれば、労働者の団結活動は、国家による支配や干渉からの自由が保障されることを意味する。

労働組合法は、このことを確認して、刑事免責の原則（刑事責任からの解放）を定めている（一条二項）。

第二は、団結権行使により、損害を受けても、使用者は組合および組合員に対し、損害賠償請求をすることができきないということである。

労働組合法は、八条において、民事免責（民事責任からの解放）の原則を定めている（八条）。

第三は、使用者による労働者の団結および団結活動に対する妨害、干渉を禁止し、団結および団結活動を理由とする不利益取扱いを禁止するということである。

労働組合法は、七条において、この原則を確認し、反組合的行為を不当労働行為として禁止している。

憲法二八条および労働組合法が確認した上記三原則は、国家および使用者と労働運動の対抗・緊張関係の歴史をふまえ、労働者の団結活動に対する抑圧手段として、刑事弾圧、民事損害賠償、不当労働行為がありうることから、労働基本権保障を実効的なものとするためのものであり、わけても労働者の団結活動に対する刑事弾圧は、第一の原則である刑事免責にかかわる問題である。

憲法二八条は、労働者・労働組合が具体的に展開する行為に対して刑罰権をもって介入することを可能な限り差し控えることを国家に義務づけているのであり、労働基本権の行使と評価される行為は原則として刑法上の犯罪行為として処罰されないとするのが刑事免責にほかならない。

いうまでもなく、刑事弾圧は、逮捕・勾留など身体の拘束を伴う点において、労働者に対する最も兇暴かつ過酷な弾圧手段である。その特徴は、民事損害賠償や不当労働行為が、使用者が自らの利益（私的利益）を守るための組合攻撃として行われるものであるのに対し、刑事弾圧は、国家が警察権力、検察権力を使って、使用者などと意を通じ、本来私的領域である労使関係を「治安」問題視し、労使関係のありようについて権力側の視点から抑圧するために行われる点にその特質がある。

たたかいによって獲得した刑事罰からの解放

労働運動に対する刑事弾圧には長い歴史がある。労働運動の発祥地であるイギリスにおいて、一七九九年に団結禁止法が制定されたのは、当時台頭しつつあった労働者の組織的たたかいを抑圧するためであった。

団結禁止法は、賃上げなどのための団結それ自体を刑罰で禁圧するものであったが、イギリスの労働者はこれに屈せず組織的なたたかいを拡げ、ついに一八二四年に団結禁止法は廃止されるに至り、団結それ自体は刑事罰の対象から除外された。しかし、ストライキについては、引き続き、刑事罰が加えられた。

刑事免責の実現は、一八七一年制定の労働組合法の成立まで待たねばならなかった。

マルクスはその著『哲学の貧困』のなかで、一七九九年団結禁止法が一八二四年の労働組合法で廃止になったことにふれて、「団結が日増しに強固さを加えることによって一つの社会的事実となるや否や、それは間もなく一つの法律的事実とならざるをえないのである」と述べているが、団結禁止法の廃止から一八七一年の労働組合法制定による刑事免責の実現に至る過程も同様である。

組合運動が一定の発展段階に達したとき、団結権・団体行動権は国家権力によって承認されるに至ったのである。まさに、刑事罰からの解放は、国家による禁止・抑圧に抗してたたかい続けた労働者が自らの運動を通じて獲ち取った権利であり、「初めに法ありき」でなく、「初めにたたかいありき」であった。

イギリス労働運動は、その後、民事上の共謀理論による使用者からの損害賠償攻撃を受けることになるが、一九〇六年の労働争議法制定により損害賠償責任の免責が確立することになる。

憲法二八条の労働基本権保障は、イギリスの例にみられるように、国家および使用者からの弾圧に抗するたたかいを通じて労働者が獲得した労働基本権確立の歴史を憲法上明文化したものである（以上の「労働基本権確立の歴史」については、たとえば、西谷敏『労働組合法〔第三版〕』有斐閣、二〇一二年、二〇〜二五頁参照。詳しくは、片岡曻『英国労働法理論史』有斐閣、一九五六年）。

憲法九七条は「基本的人権の本質」として、「この憲法が日本国民に保障する基本的人権は、人類の多年にわたる自由獲得の努力の成果であって、これらの権利は、過去幾多の試練に堪へ、現在及び将来の国民に対し、侵すことのできない永久の権利として信託されたものである」と述べている。九七条が述べる基本的人権の本質をもっとも歴史的に体現しているのが、憲法二八条に結実した労働者の団結権、団体行動権にほかならない。

近年、労働争議の減少という状況下で、ストライキなどの団体行動がややもすると異端視されがちであるが、団結活動は本来労働者の団結の示威、団結を背景とする組織的な威力を多かれ少なかれ伴うものであり、そのような団結活動のありようを含めて、団結権・団体行動権の行使として保障されているのであって、時の国家権力の「治安」や「法秩序」維持という政策的判断、あるいは一部の使用者の反組合的方針によって、その広狭が決められるべき性質のものではない。

警察法違反の権力乱用

警察権力は時に暴走し、労働基本権をはじめとする国民の基本的人権を抑圧する危険性を常にはらんでいる。それ故に、警察法は、警察権力の行使のあり方については、「不偏不党かつ公平中正を旨とし、いやしくも日本国憲法の保障する個人の権利及び自由の干渉にわたる等その権限を濫用することがあってはならない」と定めており（第二条）、今回の弾圧はこの原則を自ら踏みにじるものである。

特筆すべきは、取り調べにあたった捜査官が、「組合から脱ける気はないか」「いつまでこんな組合とつきあってるのか」などと発言しているという事実である。まさに、犯罪捜査というよりも組合つぶしを企図しているともい

う べき取り調べが行なわれているのである。使用者が組合脱退を求める発言をすることは典型的な団結権侵害・支配介入の不当労働行為（労組法七条三号違反）であるが、捜査官の団結への介入発言は警察権力を背景になされているだけに、使用者のそれよりも悪質であり、驚くべき捜査権の濫用である。

逮捕された組合員は、逮捕を機に雇用主企業から懲戒解雇されており、警察と資本が一体となってかねてから敵視していた産業別労働組合である全日本建設運輸連帯労働組合をこの機につぶそうとの狙いがみてとれる。「関西生コン事件」では、刑事免責原則が踏みにじられるのみならず、団結権侵害の不当労働行為が同時進行しているという状況が生じているのである。これまた、今回の弾圧の特異性を示すものにほかならない。

「弾圧を許さない」支援の取り組みを‼

二〇一九年四月一五日、「関西生コンを支援する会」が結成された。私は、支援する会の結成呼びかけ人のひとりであり、会の共同代表を務めている。会結成の目的は、①全日建関西地区生コン支部が展開した組合活動に対する支部役員・組合員らに対する不当な逮捕・長期勾留の中止と速やかな保釈、②組合つぶしを目的とする不当捜査の中止、③公正かつ迅速な裁判による無罪判決の追求である。

今回の弾圧の背景には、労働組合組織率の低下、労働争議の減少という現在の労働運動をめぐる状況がある。今回の弾圧を対岸の火事ととらえ、弾圧に抗するたたかいが拡がらなければ、労働運動抑圧の権力と資本の意図は功を奏することになるばかりか、労働組合の存在意義が問われることにもなりかねない。

すべての労働者、労働組合にとって、かけがえのない労働基本権を守る自らのたたかいとして、関西生コン支部の反弾圧のたたかいを支援する取り組みが拡がることを期待したい。

労働基本権は弾圧に抗し、弾圧に屈しない長い試練のたたかいの中で確立され、憲法二八条に結実したものである。しかしいったん憲法で保障された権利であっても、また、法律で定められた権利であっても、常に侵害される危険性がある。権利が侵害されたとき、侵害されそうなとき、これに抗するたたかいがなければ、権利は自壊する。権利を守り、その実効性を担保するのは国民、労働者のたたかいであり、それを支える社会的世論の存在である。

一四六頁のとおり、弾圧に抗議する弁護士一二九人の共同アピールが発表されていることも紹介しておきたい。弾圧された組合員やその家族を精神的、財政的に支援するとともに、この弾圧に反撃する運動の展開を呼びかける。

この労働組合つぶしは何を意味するか
——関西生コン支部弾圧の現場から

熊沢 誠［甲南大学名誉教授］

二〇一八年から連続的に行使されている、労働組合「関西地区生コン支部」（以下、関西生コン支部）への、建設資本と警察権力が一体となっての弾圧は、戦後労使関係史上のなかでも未曽有の理不尽な組合つぶしです。事態は、労働運動が禁止されていた戦前の日本、あるいは、労働組合活動の承認をめぐる闘いが展開されていた一八七〇年代のイギリスを想起させるような様相を呈しています。

問題は深刻であり、多方面にわたる十分な分析が必要です。しかし時間がとても限られていますので、以下、三点にしぼって私の見解を端的に述べることにします。

刑事上・民事上免責の「黄金律」を踏みにじって

その一は、この弾圧が、いかに先進国の労働運動承認の原則を踏み外した時代遅れの抑圧かということです。ここでいくらか、一八七〇年からおよそ一九〇六年にいたるイギリスでの労働組合運動を容認させる闘いの歴史をふりかえってみましょう。

イギリスでは、すでに一八五九年と七一年に、労働組合の結成、団体交渉、ストライキなど団体行動の自由がいちおう法的に認められました。しかし、つねに反撃の機会をうかがっていた権力の側は、まさにその年に、刑法修正法を策定します。この修正法は、労働組合運動の有効性にとって不可欠なピケットラインを実際に不可能にするものでした。

たとえば、ストライキ中の工場の門前にストライキ破りがくる。そのとき組合員が立ちはだかれば、それは「妨害」とみなされます。あるいは、製品や原材料の搬入・搬出を防ごうとすれば、それは「営業妨害」となる。また、スト破りに「仲間を裏切るな、恥ずかしくないのか、バカ！」などと怒鳴れば、それは「脅迫」と解釈される。また、あえて門に入る者を追いかければ「追跡」、スト破りがどの路《みち》をくるかわからないのでここかしこに待機していると、それは「監視」、それからスト破りを複数の組合員が囲んで説得をはじめると、それは「包囲」というわけです。これでは、ユニオンショップ以前の時期における現実の争議現場での有効なストライキは不可能なのです。

もちろん、これに対して労働組合の全面的な抵抗が始まりました。その経緯は省略しますが、その成果として一八七五年には、刑法修正法を撤廃する共謀罪及び財産保護法、一八七六年には労働組合法が獲得されます。イギリスでは立法の内容はその名称の行為を禁止するということが多いようです。

一八七六年の労働組合法で、労働組合活動の承認は決着がついたと思われました。けれども、一九〇〇年に、タフヴェール鉄道会社で大きなストライキが起きたとき、新たな反動がまたも襲いました。そのストライキに対して、会社が損害賠償請求を提訴したのですが、その損害賠償請求について、裁判所が会社を勝訴としたのです。これが悪名高い「タフヴェール判決」。ちなみに「タフヴェール判決が労働党をつくった」といわれますが、できたばかりの労働党と、新たに台頭した非熟練労働者の一般組合を加えた労働組合陣営が力を尽くして闘います。タフヴェール判決を破棄させるストライキと政治行動の波が起こりました。こうして、一九〇六年に労働争議法が獲得され、組合運動の承認問題に決着がついたのです。

まとめてみましょう。労働組合活動が本当に承認されるということは、争議行為に刑法上および民法上の免責があるということです。刑法上の免責とはなにか。「一人によってなされた行為が非合法でなければ、その行為が労働組合によって集団で行なわれたからといってそれを非合法にすることはできない」ということです。いま関西生コン支部に対して行なわれている逮捕や起訴が、イギリスの一九〇〇年初頭に確立された刑法上の免責を踏みにじる行為であることがすぐわかるでしょう。

もうひとつ、民事免責とはなにか。端的に言います。労働組合の争議行為は不可避的に、少なくとも一定程度は企業の営業に打撃を与えます。当然のことですね。しかしタフヴェール判決の破棄以来、ストライキが会社に営業上の損害を与えることについて損害賠償請求はできない。これが民法上の免責なのです。この刑事上・民事上の免責は、もちろん先進国の常識として、日本の労働組合法にも明記されています。

なぜ、いま、労働組合運動の弾圧なのか

刑事上および民法上の免責こそは、労働組合承認の「黄金律」と言えます。では、なぜ、いま、関西生コン支部に対して、この「黄金律」、より具体的には、労働三権を保障する憲法二八条や労働組合法を蹂躙《じゅうりん》する弾圧が行なわれているのか。現代日本の資本制権力にとって、その現時点的な必要性と可能性はなにか。それが、その二の問いであり、ここでもっとも考察されるべきテーマです。

まず、なぜ今なのか。それは要するに、日本全体として、労働組合運動が著しく衰退しているからにほかなりません。

ご存じのようにいま労働組合組織率は一七％ほどに落ち込んでいますが、それ以上に深刻なのは闘う力の衰弱というべきか、なによりもストライキをしない、できない労働組合ばかりになっていることです。いろんな言い訳は

できるでしょうが、結局、労働者のニーズがあるのに、ストライキのできない労働組合は体質的に脆弱《ぜいじゃく》なのです。

ストライキの有無の程度は、労働争議の件数と参加人数をかけあわせると得られる「争議損失日数」の年間数値で測ることができます。一〇年ほどの平均で見るといいのですが、今は国際統計のそろう最新年、二〇一五年で見ると日本は一万五〇〇〇日となっています。かつては統計の単位も「万」だったのですが、ともあれ、この数値は、三〇〇人の労働者が五〇日、五〇〇人の労働者が三〇日ストに入れば、この年のストライキはそれですべてという水準。まあ、今や日本ではストライキは皆無になったといって大過ありません。

同じ年、組織率が日本より低いアメリカには四九倍の争議損失日数がありました。労働者数が日本より少ないイギリスの数値は一一倍、労使関係が安定しているとされるドイツは七三倍でした。いかに日本が、真正の労働争議、ストライキの少ない国になっているかおわかりでしょう。

争議の現場には排外主義グループも嫌がらせにやってきて、関西生コン支部組合員の前で、「今どきストライキかよ」と毒づいたものです。私は危惧します——このような考え方は案外、今や国民やふつうの労働者、いや組織労働者の間にも「常識」として浸透しつつあるのではないか。それゆえに今、資本と権力の側は、「過激」な関西生コン支部をどんなに弾圧しても、労働界から大きな抵抗は起こらないだろう、そうたいしたことにはならないだろう、と読んでいるかにみえます。

関西生コン支部が狙い撃ちされる理由は何か

では次に、関西生コン支部が狙い撃ちにされたのはなぜでしょう。その理由は、端的に言って、日本ではもう少なくなったまっとうで有力な労働組合だからです。前項で述べた「ストライキができること」もそのひとつですが、そのほかにもこの労働組合には、次のようないくつかのすぐれた特徴があります。その点では弾圧の対象に選ばれることにこの組合は誇りを感じていいともいえましょう。

（1）関西生コン労働組合は、「支部」ではありますが、実際には、個別企業の枠を超えた業種別・産業別の単組・労働組合です。また貴重なことに、この組合は生コン企業に雇用されている正規従業員ばかりでなく、その企業の仕事に携わる非正規雇用者や日雇労働者も包含しています。日本ではまれにみる組織形態です。弾圧側は、「雇用関係にない企業に対してものを言うのはおかしい」とも主張しますが、協約を当該企業の正社員以外にも適用させるほうが、世界的にはふつうなのです。

（2）生コン車の運転手など労働者を雇用する中小企業の川上にはセメントメーカー、川下にゼネコンが控えており、生コン業界はそれら大企業の収奪にあえいでいます。それゆえ関西生コン支部は、そんな苦境にある生コン業者や運送業者の経営安定なしには、そこで働く労働者の賃金・労働条件の安定はあり得ないと認識して、業界に協同組合を育て、セメントメーカーに対する共同発注、ゼネコンへの共同受注をめざして、生コン価格の安定化・値崩れ防止を組合活動の一環としてきました。

こうして事実、関西生コン支部の影響下にある近畿地区協同組合企業の生コン価格は、そうではない東京はじめ全国の地域よりも高くなりがちでした。関西生コン支部は、その協同組合と統一協約を結んで労働条件の維持・改善を図るわけです。労働組合が生コン価格の維持を求めるのは逸脱と一部の新聞は報じたものですが、それがなければ組合の目的である労働条件の安定は不可能なのが現実です。これは労働組合と中小企業の一種の共闘といっていいのですが、組合主義としても協同組合の理念としてもまったく正当な営みです。

（3）そして関西生コン支部は、実際にも、必要なときには、賃金・労働条件という組合の本来の要求に留まらない、生コン価格や運送価格の維持も副次的な要求もこめたストライキを実行します。また協定相場を破る「アウト企業」の建設現場では、ときに説得ピケも敢行します。これができる真正の労働組合は今の日本では本当に少なくなっていることはいうまでもありません。

こうした営みに対して今、関西生コン支部と支部と共闘する協同組合・業者団体に組織的な弾圧が襲いかかったのです。建設大資本は、中小企業をサバイバル競争に駆って生コン価格・運送価格を買い叩き、大きく儲けようとしています。弾圧の現場では警察権力が動き、排外主義グループも跳梁《ちょうりょう》していますが、背後ではゼネコン・大企業が有形無形の支援をしているのは明らかです。

具体的には、セメント・ゼネコン企業に従属する「大阪広域生コンクリート協同組合」（以下、広域協組）が前面に立ち、関西生コン支部の一掃を目論《もくろ》んでいます。広域協組は、関西生コン支部と関係を保って企業経営を安定させ、働く人々の労働条件の維持・向上を図ろうとする生コン業者の営業の邪魔をしています。良心的な業者の生業を成り立たなくする。そこでやむなく不当労働行為に奔《はし》る業者もあらわれる。おぞましいことに争議現場では右翼排外主義者が恫喝《どうかつ》と暴言をくりかえす。そしてあろうことか、警察権力は刑法上の弾圧にはばかりないのです。五つの争議現場をあわせて、現在のべ五六人が逮捕・勾留され、三八人が起訴されているという（二〇二〇年一月末日現在、逮捕者はのべ八一人、起訴は六六人に）。行なわれている取り調べは、治安維持法下の特高警察のそれと似ています。治安維持法下で逮捕された人が執拗に転向を促されたように、警察は、ストをするような労働運動から離れろ、関西生コン労働組合を脱退せよと「説得」しています。それは、正当に活動する労働組合員に対する、公然たる理不尽な不当労働行為にほかなりません。

ピケットラインでの説得を暴行、強迫、威力業務妨害とねじ曲げられて逮捕された組合員は、刑事罰で起訴されかねません。イギリス一八七一年の刑法修正法さえ想起される、これが「黄金律」刑法上の免責の蹂躙であることはいうまでもありません。さらに私は危惧《きぐ》します――いまはまだ、広域協組から損害賠償請求は出されていませんが、原則として民法上の免責は「正当な争議行為に対して」です。仮に今回の逮捕者が刑法上有罪になれば、それは「不当な争議」となり、資本の側は民事上の賠償請求を視野に入れるかもしれません。

以上を要するに、関西生コン支部弾圧の意味するところは、今や許されるのは、ストライキなどは、ましてピケットラインなどは構えない、決してビジネスを妨げることのない「労働組合」だけだという、現代日本の資本と権力の断固たる意思表明なのです。

産業民主主義のゆくえ

その三。この関西生コン支部弾圧を、広く民主主義の行方という点から考えてみましょう。

民主主義の神髄は、人々の生活に深刻な影響を及ぼす事柄に対するバイ・ザ・ピープルの決定権または決定参加権です。そして、普通の労働者の生活の明暗を大きく左右するのはすぐれて労働条件ですから、彼ら、彼女らにとって真正の民主主義とは、労働条件の決定に対する参加権にほかなりません。それゆえ、大きな財産や権力、有力な政治家との個人的なコネなどに恵まれていない働く人々が、この決定権・決定参加権を享受できる唯一の方途は、労働組合法に保障された労働三権――団結権・団体交渉権・団体行動権なのです。この仕組みを産業民主主義といいます。この産業民主主義、具体的には憲法二八条の完全履行なしには、多くの普通の労働者にとっては民主主義は虚妄といえましょう。言い換えれば参政権、政党結成権、選挙権などの政治的民主主義だけでは、一般の労働者にとって民主主義は、あえていえば空手形と断じることができます。

それゆえ、関西生コン支部のようなまっとうな労働組合への弾圧は、もっとも悪質な産業民主主義、労働者民主主義の破壊であり、明瞭な憲法違反なのです。およそファシズムは、まずもって労働運動の抑圧、産業民主主義の蹂躙を手始めとして浸透します。多くの「市民」は「自分は労働組合運動に関係ない」とまだ思っているかもしれないけれど、今回の弾圧で示された「ストライキは非合法の犯罪とみなす」と言わんばかりの事態は、日本はすでにファシズムの門口に到っていると、私には感じられます。

こんなことをあらためて論じたいのは、関西生コン支部への未曽有の弾圧に対する抵抗の行動が「護憲派」の間にもなお広がっていないことに、私は産業民主主義という思想の、ある意味で日本に伝統的な脆弱さを見るからです。産業民主主義の枢要の意義や関西生コン支部弾圧の危機を、野党や労働団体、「リベラル」の市民は、本当に分かっているのでしょうか。分かっていないと思います。マスコミはもとより、関西生コン支部弾圧問題に対する日本世論の現状に私は失望しています。「護憲」勢力、野党、労働団体などは、進行しつつある政治的民主主義の危機には敏感かもしれません。批判の素材には事欠かない議会主義の空洞化や憲法九条の危うさは指摘されます。しかし同じく進行中の産業民主主義の危機、まともな労働運動の公然たる抑圧については、あまりにも鈍感です。

今日の実行委員会の資料の中に、たくさんの労働組合・団体の名前があります。ここ南大阪ではなお怒りに燃える労働者五〇〇名以上が結集する集会ができます。けれども、連合、全労連のようなナショナルセンターは、なにかと関西生コン支部を異端扱いとして、反弾圧実行委員会に入ってきません。安倍政権を批判し追及するフェイスブックの投稿は、見飽きるほどに流されてきますが、そこに関西生コン支部の弾圧問題はごく最近までありませんでした。関西生コン支部弾圧問題は全国的な政治問題になっていません。私見では、本来ならば野党はこの弾圧を国会の問題にもして、広域協組や滋賀県警本部長などの弾圧者を、衆・参の社会労働委員会に証人喚問して、その不当労働行為や憲法違反を追及すべきなのです。同時に、関西生コン支部の武建一委員長も喚《よ》んで、その労働運動の正当性について証言させればいい。

この大規模な弾圧に司法の場で対決する弁護士の方々の尽力には頭が下がります。しかし法廷闘争だけでは心許《こころもと》ないのです。社会運動、労働運動の展開がぜひとも必要であります。政党や労組ナショナルセンターの枠を超える、労働者・市民の幅広く、しかし非妥協的な対抗の戦線構築が不可欠であることを、最後に訴えます。

（世界二〇一九年六月号に掲載された「関西地区生コン支部への大弾圧に抗う」大阪集会〈二〇一九年三月一〇日〉での講演を転載させていただきました。）

労働運動への共謀罪型弾圧に対して国際的なネットワークで反撃する！

海渡雄一［弁護士・共謀罪対策弁護団共同代表］

はじめに

共謀罪成立の前後から予見されていた危険な徴候

二〇一七年六月、共謀罪の規定を含む組織犯罪処罰法の改正法案が成立してから、まもなく二年半が経過する。委員会採決を省略した中間報告という奇策による「成立」であった。

二〇一七年七月の施行の際に出された通達では、共謀罪が適用された事例は法務大臣に報告することが求められているが、一九年八月の時点で、まだ報告はない。

だが、危険な徴候は、法の成立前から現れていた。

沖縄では、辺野古新基地建設に反対する山城博治さんたちが二〇一六年に公務執行妨害や威力業務妨害の罪などで逮捕・起訴、約五カ月にもわたって勾留され、国連人権理事会など国際社会からも批判を浴びた。この事件は、菅官房長官が沖縄入りして、高江のヘリパッドの建設を急ぐように指示した直後に発生している。

次々に逮捕される労働組合員と協同組合幹部

二〇一九年に入り、危険な徴候は、さらに広がりを見せている。全日本建設運輸連帯労働組合関西地区生コン支部の事件は、共謀罪が適用された事件ではないが、労働組合のコンプライアンス活動が「恐喝」に、労働争議における説得活動が「威力業務妨害」という罪に問われ、その共謀を理由として、交渉・争議行為の現場に一度も参加していない組合幹部や事業者も含め、一八年八月から一九年の三月までにのべ六二人が逮捕されている。いまなお一〇名の勾留が継続され、一九年三月末の時点で勾留期間が七ヵ月に及んでいる者もいる。

私は、何が起きているのかを自分の目で確かめるために、秘密保護法や共謀罪の制定に反対した仲間の弁護士とともに、一九年二月一日に大阪地裁での第一回公判を傍聴した。

開廷二時間前にもかかわらず、生コン支部を「潰す」と公言する大阪広域生コン協同組合が動員をかけていたようで、経営者側と思われる傍聴者約七〇名がすでに法廷前で並んでいた。多くの組合員は傍聴すらできなかった。

被告人の意見陳述のなかで、ある組合員は、「正当な労働組合活動が、恐喝とか、威力業務妨害とか言われて犯罪扱いされているのが本件です。労働組合イコール反社会的集団というレッテルを貼る世の中に持っていけるよう、私たちの活動が利用されていると感じます。もし団体行動が犯罪扱いされるのであれば、団体交渉で決裂することもできなくなり、会社の言いなりになるしかなく、団体交渉権も力を奪われます。そうなると労働組合に力がなくなり、労働者は弱い立場でいいようにされるだけになります」と述べた。

労働組合という組織が果たす社会的な役割を考えれば、きわめてまっとうな意見である。そして、驚いたことに、傍聴している生コン会社の経営者のなかにも、こうした組合員の語る言葉にうなずく者や、小刻みに震えている者もいたのである。その意味は、生コン支部の活動が、これまで中小企業の経営者らと協力し、その生活や利益と共存する形で進められてきた背景を知らないと理解できないだろう。

一九年四月には、刑事法研究者との研究会、八月には労働法研究者との研究会が行われ、専門家による事件の検討がすでに開始されている。

1　なぜ関西生コンが標的とされたのか

滋賀の二つの事件——フジタ事件、セキスイハイム近畿事件

事件を担当する弁護団からの報告によれば、事件の概要は次のとおりである。

滋賀の「フジタ事件」は、二〇一八年七月から、まず協同組合の理事ら事業者が逮捕される形で始まった。翌八月から組合役員も逮捕された。中小の生コン企業で作る協同組合（湖東生コン協同組合）の役員が、二〇一七年三月から七月にかけて、滋賀の工事現場で使う生コンを協同組合から買わせようとして、「協同組合から生コンを買わなければ、大変なことになりますよ」とゼネコンを脅したとされる恐喝未遂事件である。

この「大変なこと」とは、労働組合が、建設工事現場の違法行為を指摘して改善を求める、いわゆるコンプライアンス活動にしたがってコンクリートの施工をしないと、欠陥建築など施工者とそのクライアントに大変な影響があるという意味である。

具体的には、「カラーコーンが道路使用許可なく置かれている」と工事現場で指摘したこと、「汚泥が道路に散乱

している」などとする内容のビラをゼネコンの事業所付近の路上で配布したことなどとされている。これでも、些細とは言えないが、飲料水メーカーのチェリオの倉庫建設現場で、ダンプカーのタイヤがすり減ってブレーキが効かないおそれのある状態になっていることや、同じくダンプカーのバンパーが外れた状態にあること、さらに現場監督が資格を持っていないことなどを組合員が指摘し、道路運送業違反等については交通警察が臨場して業者に是正指導をしており、これらは、工事現場での事故の発生につながる危険性があり、決して「軽微な不備」とはいえない。

この事件一つで、協同組合の理事と組合役員、合わせて一〇人が三回に分けて逮捕され、九人が起訴されている。生コン支部の委員長・副委員長・執行委員二人のほか、彼らと「共謀」してゼネコンと交渉したという協同組合の役員五人も起訴されている。

さらに、二〇一九年二月には、一五人の一般組合員も、このコンプライアンス活動やビラ配布活動に従事したとして逮捕され、全員が起訴されている。

滋賀ではさらにもう一件、セキスイハイム近畿事件が起きている。この事件でも組合員七名と協同組合の幹事長が逮捕され、全員が起訴されている。こちらの事件では、コンプライアンス活動で業務を中断させたことが「威力業務妨害」とされている。同じような行為について恐喝とされたり、威力業務妨害とされたり、適用罪名が違っている。

大阪の事件――ストへの賛同を求めたことが「威力業務妨害」に

大阪の事件は、生コン支部の労働組合員が、セメントのサービスステーション（ＳＳ）でセメント運搬車の輸送を妨害したとされる事件だ。威力業務妨害の容疑で、まず大阪市港区の宇部三菱大阪港のサービスステーションでの行動について二〇一八年九月に一六人が逮捕され、七人が起訴、九人が釈放された。その後、同じ日の中央大阪生コン工場での行動についても翌一〇月に八人が逮捕された（五人は再逮捕）。合計一九人が逮捕され、九人が起訴されたことになる。

問題とされている行為は、いずれも二〇一七年一二月の関西地区生コン支部の無期限スト（経緯は後に詳述する）の際に起きた行為であり、セメント出荷基地のサービスステーションおよび生コン工場で、運搬車両や生コン車両の前面に立ちはだかったことが威力業務妨害とされている。この現場では、組合員らは、運送会社の社長と運転手に「ストライキに入るので、ストライキに賛同して、稼働しないでほしいんです」と述べていたとされる。

現場となった中央大阪生コンは大阪広域協同組合の副理事長が経営する会社であり、生コン支部の組合員が大勢働いている職場である。宇部三菱大阪港のSSは、宇部三菱セメントというセメント会社が運営し、下請の植田組が生コンの原材料であるセメントを運んでいる。植田組は、生コン支部の交渉相手の一つであるバラセメント輸送協同組合にもともと所属していたが、最近、協同組合を脱退している。生コン支部は、関連産業に働く労働者のすべてが加盟する資格を持つ「産業別労働組合」であり、これらの事業者は、いずれも、生コン支部の組合員の労働条件に重大な影響を及ぼすので、労働法上の「使用者」といえる。

大阪の事件では当初、現場行動の参加者だけが逮捕・起訴されていたが、一八年一一月二一日には現場に参加していない組合役員三名と元組合役員一人も逮捕された。

関西地区生コン支部とはどんな組合か

関西地区生コン支部（以下、関生《かんなま》支部）は、生コンクリート産業やその関連産業に従事している労働者で組織された産業別労働組合である。生コン協同組合の加盟会社あるいはその下請けの運送業者で雇用されている労働者が組合員の大半である。二〇一九年で結成から五五年になる。企業内労働組合が圧倒的に多い日本で、このような産業別労働組合は珍しい（他に全港湾や海員組合などがある）。

生コン業界では、原材料のセメントの製造と建設工事を行うゼネコンは大企業であるが、セメントに水と砂、砂利などの骨材を混ぜて生コンを製造する工程は中小の生コン企業が担っている。ゼネコンの力が強く、生コンは安価に買いたたかれてきた。それが労働者の低い賃金や劣悪な労働環境をもたらす要因となっていたことから、関生支部は、中小生コン業者が集まって協同組合を結成するように促してきた。協同組合による共同受注・共同販売によって、力関係で優位に立つゼネコンとの間で対等かつ適正価格での取引と生コンの品質を確保することを目的としてきた。

価格競争が激化すると、不良な骨材を用いたり、過剰に加水した粗悪品のコンクリートが作られ、耐震性の不足した建物や土木構造物を生み出し、市民生活の安全にも大きな影響を及ぼしかねない。

関生支部の労働運動は、大資本であるセメントメーカーやゼネコン中心の経済や産業の仕組みを変え、労働組合と中小企業が団結して、大企業の収奪から生コン製造・運搬の業界全体を守ってきたといえる。その結果、関西における生コンの価格は、一立方メートルあたり一万五〇〇〇円から一万七〇〇〇円の水準を確保し、東京などの他地域が一万一〇〇〇円から一万二〇〇〇円に買いたたかれているなかで、値崩れを防いできたのである。

そして、協同組合に加盟している会社のうち、組合員が所属している会社の経営者で組織する大阪兵庫生コン経営者会と関生支部等の間で団体交渉が行われ、生コンの価格が上がれば運賃を引き上げるとの約束が交わされていた。この約束のもとで、関生支部は協同組合に協力してきた。その後、協同組合の組織率が高まり、生コン価格が上昇したにもかかわらず、協同組合側は約束した運賃値上げと組合員の賃上げを実施しなかった。

そこで、関生支部は、約束されたセメント輸送、生コン輸送の運賃を引き上げることと、大阪広域生コン協同組合の組織運営の民主化を求めて、二〇一七年一二月、近畿地方一円で無期限ストライキに立ち上がった。滋賀、京都、奈良、和歌山の生コン協同組合、バラセメント輸送協同組合、生コン輸送協同組合などは、組合側の要求を大筋で受け容れ、ストライキは四日で終息した。

ところが、大阪広域生コン協同組合だけは回答すら示そうとしなかった。そして、ストライキは威力業務妨害であるとし、「関生支部を業界から一掃する」と宣言した。

さらに、協同組合の執行部は、排外主義的なヘイトスピーチを繰り返してきた極右団体と結託し、争議現場で彼らに挑発行為をさせて「衝突」を演出し、これをネット配信することで、関生支部は組織犯罪集団と印象づけるキャンペーンを始めた。他方で、関生支部との関係を維持しようとする事業者を生コン製造の割り当てから外し、関生支部との交渉そのものを否定するようになったのである。

旧日経連(現経団連)大槻文平会長(当時)は、一九八二年に「関生型の労働運動は、資本主義を揺るがしかねない。箱根の山を越えさせてはいけない」と語ったという。今回の事件でも滋賀県警は、捜査の過程で、生コン業者に対しては「関生と手を切れ」などと迫っており、組合員に対しては、「生コン支部から脱退しろ」と迫っており、この弾圧が、産業別労働組合の解体を目的としていることは明らかである。

2　英米で労働組合や反戦運動を苦しめてきた共謀罪

イギリスにおける労働組合弾圧の歴史こそが共謀罪の歴史である

関生支部は「共謀罪反対」を掲げてストライキを行った数少ない労働組合の一つである。その共謀罪の「祖国」はイギリスである。イギリス法に共謀罪が登場するのは一三世紀、誣告罪が最初だ。これがより一般的な共謀罪に発展することとなるのは、絶対王政下でヘンリー八世が制定した国家反逆罪に適用されたのがきっかけとされる。

特に有名な事件は一六〇五年の「火薬陰謀事件」である。ガイ・フォークスらカソリック教徒たちは、プロテスタントのジェームズ一世を暗殺することを企て、国会議事堂の爆破を計画し、火薬を地下室に運びこんでいるところを見つかり、逮捕され、拷問され、絞首刑に処せられた。逮捕のきっかけは密告であった。この日は、王の暗殺が避けられたことを祝う国民の祝日とされている。

一七二一年のジャーニメン・テイラー事件では、織物工で構成される労働組合が、一定額以下の工賃では縫製の仕事をしないと合意、すなわちストライキを計画したことに対して、コモンロー上の共謀罪が適用された。コモンローとは、明文法ではなく、多くの判例と慣習法によって形成された法体系である。このケースは、労働組合運動に初めて共謀罪が適用された例とされる。一八〇〇年には「団結禁止法（Combination　Law）」が制定され、労働組合の結成そのものが禁止された。イギリス共謀法理はこの段階に至って、国家への犯罪を取り締まる法理から労働組合運動に対する弾圧法理へと変質した。一八二四年に団結禁止法は撤廃され、その後ストライキが激発した。二五年労働者団結法では、組合の結成そのものは認められたが、ストライキへの共謀罪の適用は続いた。

一八六〇年代にシェフィールドで少数の労働組合武装勢力によって暴動と殺人事件が発生した。当時のシェフィールドの鉄鋼業はきわめて劣悪な労働環境と長時間労働によって多くの労働者が若くして命を失っていた。労働者が経営者やスト破りを殺害していくという凄惨な事件は社会全体に大きな衝撃を与えた。ストライキが非合法化された状況での絶望的な抵抗であった。

この暴動を受け、この事件の原因と対策を検討するための王立委員会が設置され、労働組合について、多数意見は弾圧強化の意見を具申したが、このレポートには労働組合を公認するべきであるという少数意見が付されていた。一八七一年には自由党のグラッドストーンによって労働組合法が制定され、この少数意見が取り入れられた。七四年の総選挙後、ディズレーリの保守党が政権についたが、約束通り、労働組合に関する新たな法律を可決した。この「共謀と財産の保護法」は、労働組合が個人によって行われた場合に合法となる行為に対して起訴されないという原則を確立した。たとえば、労働者が仕事をやめることは違法ではなく、労働組合がストライキを組織した場合も、訴追することはできなくなった。この法律の下で、平和的なピケッティングが労使紛争中に行われることが認められたのである。

共謀罪には勃興期のイギリス労働運動を一五〇年にもわたって苦しめ続けた前科がある。そして、今、二一世紀の日本で、ストライキで労働者の労働条件の改善を求めて闘ってきた、関生支部という産業別労働組合による労働運動が、共謀罪型の弾圧によって、解体の危機にさらされているのである。

アメリカにおけるベトナム反戦運動を苦しめた共謀罪

アメリカでも、共謀罪は労働組合に対して適用されてきたが、一九六〇年代には、ベトナム反戦運動を弾圧するために活用された。六八年に闘われたアメリカ大統領選挙は、泥沼化したベトナム戦争を続けるかどうかが最大の争点であった。ジョンソン大統領（民主党）は、ベトナム戦争を泥沼化させ、不人気で予備選での不振から早々に次期大統領選に不出馬を決めた。共和党では、ベトナム戦争の続行を考えていたニクソンが候補となっていた。ニクソンは、選挙演説においては、ベトナム戦争を終わらせ、同時にアメリカ本土での街路における戦争を終わらせると主張していた。つまり、ベトナム戦争には勝って終わらせる、犯罪の多発に対して取り締まりを強めると主張したのである。

対する民主党では、即時撤兵を唱え、ジョンソンを追い詰めたマッカーシーに続いて、ロバート・ケネディも、ベトナムからの即時撤退を盛り込んだ反戦綱領を掲げ、カリフォルニア州サウス・ダコタ州の予備選で勝利を収め、指名獲得を確実にしたと思われた。しかし、ベトナム戦争を終わらせる希望の星と思われたロバート・ケネディは、六月六日カリフォルニア州予備選の勝利演説を行ったホテル内で銃によって暗殺された。

ロバート・ケネディの暗殺後、民主党内の有力者を中心にヒューバート・ハンフリー副大統領が有力候補とみなされるようになった。副大統領としてジョンソン政権の一員であったハンフリーは、ベトナム戦争について、北爆の停止は約束していたが、態度は明確でなかった。このような状況のなかで、八月二六日から二九日にかけてシカゴで開かれた民主党党大会は、アメリカがベトナム戦争を続けるかどうかを決めるための決定的に重要な場となっていった。

アメリカの反戦運動は協同して、全国からシカゴに来て、ベトナム戦争を終わらせることのできる候補を選ぶように民主党に声を届けて欲しいとメッセージを送った。まさにシカゴまで来て下さいと呼びかけたのである。そのメッセージに応えて、若者たちは全米からシカゴに駆けつけた。

何千もの人々がサインや旗、絞り染めのシャツを着て音楽を奏で、踊り、詩の朗読を行った。デモはカーニバルの雰囲気につつまれていた。しかし、警官隊は警棒でデモ隊に殴りかかり、催涙ガスを使用し、シカゴの街は暴動状態となり、多くの人々が逮捕された。警官隊は何も違法行為をしていないデモ隊やさらには通行人やメディアにまで殴りかかったとされる。

この事件について大陪審は八名のデモ参加者および八名の警官を起訴した。一九六九年三月二〇日に大陪審によって起訴されたのは、ヒッピー、ブラック・パンサー、ベトナム反戦組織、ラディカル学生組織（ＳＤＳ）のメンバーらからなる、八名の被告人たちであった。

ホフマン裁判官はブラック・パンサーのシール被告を裁判から切り離し、法廷侮辱罪で懲役四年を宣告した。残る七名の被告人たちは共同で裁判を続け、シカゴ・セブンと呼ばれるようになった。

民主党大会では、ハンフリーが、反戦派のマッカーシーやケネディのあとを継ごうとしたジョージ・マクガヴァン上院議員を破り、党の候補者に指名された。そして、大統領選はニクソンが僅差でハンフリーを破った。ベトナム戦争は終わらなかった。

シカゴ・セブン事件において、被告人たちは、暴動罪の共謀容疑で起訴された。シカゴ・セブンと呼ばれた被告人達の弁護人ウィリアム・カンスラーは、「思考」およびその実現に向けた言論行為を取り締まる法律は違憲であると訴えた。このシカゴ・セブン事件の法廷の様子は広く報道され、ベトナム反戦運動の焦点となった。裁判にはフォーク歌手アーロ・ガスリー、作家ノーマン・メイラー、ジェシー・ジャクソンらも出廷し、被告人たちのために証言した。

結局一九七〇年二月一八日に、七名の被告は全員共謀罪では無罪であると判決が下った。二名（フローイネスとウィンナー）は完全に無罪とされた。五名は暴動の示唆で有罪と判決された。五名は二月二〇日に各々五年の禁固刑と五〇〇〇ドルの罰金刑が命じられた。

しかしながらこの有罪判決は全て上訴裁判所によって一九七二年一一月二一日に取り消された。この取り消しの理由は、裁判官に人種的差別があったことなどを根拠としている。

一九六九年から七二年まで争われたこのシカゴ共謀裁判（Chicago Conspiracy Trial）は、反戦運動に対する、不当な共謀罪の適用に対する人々の勝利の記憶となった。勝訴の時のシカゴ・セブンの言葉が残っている。「もしも戦争を終わらせる共謀があるのなら、もしも文化的革命への抑圧を終わらせる共謀があるのなら、自分たちもその共謀に参加しなければならない」

このような共謀罪の歴史を見るとき、共謀罪が、労働者や市民、学生が力を合わせて政府や企業に異議申し立てをすることを弾圧するという機能を果たしてきたことがわかる。

関西生コン事件が共謀罪適用のリハーサル弾圧だ

私は、関西生コン事件が共謀罪の適用の準備としてのリハーサルとしての性格を帯びていると考える。その根拠は次のとおりである。

第一に、捜査の主体の問題である。大阪の事件ではこれまでの関生支部への弾圧と同様、大阪府警の警備課が担当しているが、滋賀の事件は滋賀県警の組対（組織犯罪対策課）が担当している。警備公安警察と組織犯罪対策を目的とする警察組織が、警察組織の内部で共謀罪型捜査の主導権をめぐってしのぎを削っているのである。

第二に、捜査方法の問題である。逮捕された労働組合員が黙秘するなかで、警察はどうやって「容疑」を固めようとしているのか。関係者のスマホやパソコンを押収し、会議の録音、電話履歴、メールのやりとり、ラインチャットなどを大量に集めている。また、すでに組合から脱退している組合員も含めて手当たり次第に呼出しをかけ、「共謀」の構造を立証しようとしている。まさに共謀罪型捜査といえる。

第三に、共謀立証が身柄拘束の根拠とされていることだ。滋賀の事件でも大阪の事件でも、勾留理由開示公判（身柄を拘束するための「勾留」の理由があるかどうかを確認する裁判）で、裁判官が「罪証隠滅の対象は共謀の構造、罪証隠滅の方法は共犯者・関係者との通謀」という趣旨を明確に述べた。しかし、大阪の事件では、現場の行為についていては、会社側が記録した大量の録音録画がある。問題となっているのは、共謀といっても現場で共謀したかどうかの問題で、そのための証拠は、録音録画されている行為をどう評価するかという問題に帰着する。身柄を拘束しなくても「罪証隠滅」のおそれなどないはずだ。共謀立証を理由とした長期の身柄拘束を許してはならない。

3　事件が正当な労働組合活動に対する弾圧であることが法廷で明らかにされつつある

労働組合活動を理由とした拘禁である

この刑事事件とこれにもとづく組合員らの拘禁は、関生支部の活動によって対象者らの労働組合活動に対する抑圧を目的としている。犯罪とされている行為のすべては労働組合の活動である。

組合員らの活動は、コンプライアンス活動、争議現場におけるビラ配布などの活動である。

労働争議中に、組合員でない者が操業のために運転する車両の前に立ち塞がり、争議行為への協力を求めた行為も、威力とされている。しかし、組合員は、いかなる暴力、実力も行使していない。

警察は、組合員に対する組合からの脱退を求めている

組合員らは、取調に当たった警察官から、事件の内容に関する事情聴取ではなく、一貫して労働組合からの脱退を勧奨され続けている。また、警察官は、逮捕された組合員らの家族（妻や両親）を訪問し、労働組合から脱退するよう組合員を説得するように求めている。そして、労働組合を脱退した者は、その後は逮捕されない。

この事件そのものが、関生支部の労働組合としての存立と組合活動の継続を破壊し、組合活動をできない状況を作り出すことを目的としている。

著しい肉体的苦痛を与える拘禁

Sさんは二〇一八年八月九日、フジタ事件で逮捕された。最初の逮捕者で、コンプライアンス活動の責任者である。滋賀県警は同氏を「主犯格だ」と決めつけていた。

Sさんは、激しい腰痛、肩痛で、座って話ができない状態であるにもかかわらず、約四〇日に及んだ取調期間中、背もたれやクッションのある椅子の使用を認められず、取調の継続そのものが、同氏に著しい苦痛をもたらした。

左足親指がひどい巻き爪の症状を呈し、何度も診療を求めても、医師のところに連れて行かなかった。警察留置場には常勤の医師、医務スタッフはおらず、外部の医師のところに連れて行ってもらう以外に医療を受ける手段がない。

Sさんは、一〇日も放置されて四ミリほど爪が食い込み麻酔を打って手術することとなった。取調警察官も留置担当警察官も「これほどひどかったのか」と驚いたと同氏は手紙のなかで述べている。

経営者側証人も組合員による威力となる妨害行為を否定した

威力業務妨害における「威力」とは、判例上、「人の自由意思を制圧するに足りる犯人側の勢力」などと定義されてきた。労働組合は、団結した労働者の行動によって、使用者と交渉し、決裂すれば、ストライキによって事業をストップさせるわけであるから、もともとその行動は「威力」に当たりうる。

しかし、日本国憲法は憲法二八条で、労働者の団結権・団体交渉権・争議権を憲法上の基本的人権として保障している。労働基本権の保障は、労働者の団結および団結活動に支配・干渉してはならず、団結活動に対して刑罰権を発動してはならないという保障を含んでいる。労働組合法一条二項は、このことを確認して、刑事免責の原則（刑事責任からの解放）を定めている。

大阪地裁における二〇一九年五月二二日第三回公判で、宇部三菱セメントの専属輸送会社である植田組のE証人（社長の息子で総務担当の幹部）が出廷し、検察官は、関生支部の組合員らがSSに入場しようとする車両、あるいはSSから配達先に出場しようとする車両の「前に立ち塞がって入場、または出場を妨害されたので業務できなかった」と証言させた。

しかし、弁護人による反対尋問で、E証人は、組合員は車の斜め前から運転手に話しかけていただけで、車両の前に立ち塞がっていたのは会社側の人間で、五〜一〇人の会社側の人間がストの三日前に役割分担を決めていたことを認めた。当日はSSではセメントの注文がほぼなく、入場・出場が妨害された被害がないことも認めた。業務妨害など存在しないことが明らかになったのである。

作業の妨害とは程遠いコンプライアンス活動の実態

大津地裁の一九年五月二三日公判では、セキスイハイム近畿事件の戸建て住宅建設工事の安全管理担当の現場監督が証人として出廷した。

検察官は、二〇一七年三月三日、朝一一時三〇分～一二時二〇分頃まで、運送会社が、車両に据え付けられているクレーンを使って運搬してきたユニット（住宅の部材）を荷下ろししようとしているところに、関生支部の組合員らが押しかけてきて、①道路使用許可証を見せろ、②トラックの車検証が見えない、窓にカーテンが架かっていて見えないなどと因縁を付けられ、警察が来るまで車両を動かすなといわれ、作業の続行を断念せざるをえなくなった、などと証言させた。

しかし、弁護側は、反対尋問に先だって、組合が保管していた当日の記録映像（五〇分弱）を証拠として請求した。事前に確認した記録映像をもとに、弁護人は、この証人に対して、組合員らは三人で、穏やかな口調でコンプライアンス活動の趣旨を説明していたこと、窓にカーテンが架かっていて見えないことについては証人自身がトラック運転手に注意し、その後、警察を呼んで車検証の位置の問題などを検証することになったためにトラックは待機せざるをえなくなったのであって、関生支部が作業を中断させようとしたためではなく、車検証の貼り直しによってようやく警察がトラックの走行許可を出すなど、違反が「軽微な不備」と言える程度のものではなかったことなどを明らかにしていった。現場監督が、組合員らの言葉遣いが丁寧であったことを認めたことは、決定的であり、組合員らの行っていたコンプライアンス活動は、職場環境における違法作業をなくしていくための地道な活動であり、業務妨害や恐喝などと言われるようなものではなかったが明らかになったのである。

コンプライアンス活動は正当な組合活動であることを民事裁判所も認めていた

滋賀の事件では、そもそも外形的にはどう見ても犯罪行為になるかどうか疑わしい行為が罪に問われている。関生支部のコンプライアンス活動については、民事裁判ではあるが、大阪高裁でも適法とする決定がある（星山建設事件「労働法律旬報」一八五二号六二頁）。

この事件の地裁決定は、コンプライアンス啓蒙活動の目的が対象業者とは別の業者との交渉であり、啓蒙活動は六八回にわたり、かつ関生支部が対象業者の工事現場周辺で街宣活動をしていると認定したうえで、「組合員らによる工事関係者の呼び出し等の行為態様自体は、社会通念上相当と認められる範囲を超えているとまではいえず、多くの場合、債務者の組合員らが指摘した違法行為は実際に存在しており、是正を要請した違法行為の中には、建設工事現場の労働者の安全に関わるものもあった。以上に加えて、現場監督の業務内容も考慮すると組合員らの工事関係者の呼び出し等をもって、債権者の営業権を侵害する違法なものとまではいえない」として、業務妨害禁止等の仮処分申立を却下しているのだ。このような組合活動の合法性・正当性は裁判所でも確認されてきたのである。

4　この弾圧を見過ごさず、その拡大を阻止しなければならない

関西生コンに加えられている弾圧は、現時点では共謀罪が直接に適用されてはいない。しかし、労働組合の日常的な活動の一部を「犯罪」事実として構成し、これに関与した組合員を一網打尽で検挙し、デジタル情報の収集によって関係者間の共謀を立証することで犯罪としようとしている点において、共謀罪型弾圧の大規模な開始を告げ

るものだ。

組織的威力業務妨害罪は共謀罪の対象犯罪である。このような共謀罪型弾圧が、仮に見過ごされ、捜査手法として定着してしまうと、将来、秘密保護法違反などの事件が起こった際に、同様の共謀罪型弾圧がなされ得る。この重大事件について、産経新聞などが警察発表をそのままにしたような報道をしているほか、一般のメディアは黙殺して報じない。

確かに、ほとんどの労働組合がストライキをしなくなっている現代の日本では、関生支部の（本来は労働運動として当たり前であるはずの）活動は珍しい存在になっているかもしれない。今回の弾圧は、労働組合と中小企業協同組合が連携して、ゼネコンと対等に渡り合うような産業別労働運動を敵視し、これを解体しようとする政治的な性格を帯びている。

戦前の治安維持法による弾圧も、最初は共産党員とその周辺団体から始まり、新興宗教、社会主義運動、既成宗教、さらには満鉄調査部や企画院のような公的機関、ジャーナリストにまで拡がっていった。「過激な労働組合」がやったことで自分たちには関係ないと見過ごしていると、戦前のように、同様の弾圧が他の労働組合や原発反対・環境保護のための市民活動などにも飛び火しかねない。関生支部の労働運動については、様々な意見があり得る。しかし、政治的な系列や労働運動上の方針の違いを乗り超えて、最初に共謀罪型弾圧のターゲットにされた関生支部を幅広い勢力によって支援することが、弾圧拡大を食い止めるうえで、決定的に重要である。

逮捕された組合員には一年以上の長期勾留にさらされている者もいる。すでに、大阪、東京、名古屋で、関生支部を応援する市民集会や国会議員会館内での院内集会が開かれている。今も勾留されている組合員らの速やかな釈放と公正な裁判を求める声を広げていきたい。

5　弾圧をはねのけるために国連恣意的拘禁作業部会に申立

恣意的拘禁作業部会とは

私たち関西生コン支部を支援する会（鎌田慧、佐高信、宮里邦雄、海渡雄一、内田雅敏、藤本泰成、菊池進、勝島一博）は、二〇一九年七月、関生支部事件で当時長期勾留されていた組合員のうち六名の被告人に対する拘禁は自由権規約九条が禁止する恣意的拘禁に当たるとして申し立てを行った。

恣意的拘禁作業部会は、人権理事会のもとに置かれた機関で、国連加盟国の市民が、人権宣言と自由権規約九条が禁止している恣意的な拘禁を受けたと考える場合に、個別ケースについて申し立てを行うことができ、政府からも意見を聞いたうえで、恣意的な拘禁に当たると考えられる場合には、改善のための勧告を行うという制度である。

恣意的拘禁には五つのカテゴリー

自由権規約九条一項は、「すべての者は、身体の自由及び安全についての権利を有する。何人も、恣意的に逮捕され又は抑留されない。何人も、法律で定める理由及び手続によらない限り、その自由を奪われない。」と定めている。

恣意的な拘禁には、次の五つのカテゴリーがある。

カテゴリーⅠは法的な根拠を欠く違法拘禁である。

カテゴリーⅡは政治弾圧ケースである。日本では、沖縄平和運動センターの山城博治さんの事件やグリーンピース鯨肉横領事件などについて、勧告がなされた例がある。

カテゴリーⅢは公正な裁判が保障されないときである。弁護権が保障されず、弁護人の立ち会いがない長期の取調や証拠開示が十分されていない、保釈が長く認められない等の理由での通報も可能であろう。

カテゴリーⅣはレビュー抜きの長期行政拘禁で、日本では精神病院への強制入院について勧告がなされている。入管収容所の長期拘禁もこれに当たる可能性がある。

カテゴリーⅤは差別的拘禁であり、あからさまな民族差別などにもとづく拘禁がこれに当たりうる。

労働組合活動に対する抑圧はカテゴリーのⅠとⅢに当たる

関生支部の組合員らに対する自由の拘束は労働組合活動に対する抑圧であり、カテゴリーⅠの恣意的な拘禁に該当し、またカテゴリーⅢの公正な裁判が保障されないときに当たる。

一連の刑事事件とこれにもとづく組合員らの拘禁は、労働組合活動に対する抑圧を目的としている。犯罪とされている行為のすべては労働組合の活動である。組合員らの活動は、コンプライアンス活動、争議現場におけるビラ配布などの活動である。労働争議中に、組合員でない者が操業のために運転する車両の横に立ち、争議行為への協力を求めた行為も、威力とされている。

また、警察は、捜査の過程で、組合員とその家族に対して、労働組合からの脱退を求めている。労働組合を脱退した者は、その後は逮捕されない。これらのことからも、事件が労働組合を破壊し、組合活動をできない状況を作り出すことを目的としていると考えられる。

申立書では、組合員のSさんの腰痛などについても言及し、また、証人尋問で、この事件がフレームアップであったことがあきらかにされてきていることを報告した。

組合員らに対する自由の拘束が長期に及び、罪証を隠滅する恐れがあるとして保釈が認められていないことはカテゴリーIIIの公正な裁判が保障されないときに該当する

自由権規約九条三項は、被疑者の速やかな裁判官への引致、勾留は裁判への出頭の確保のためにのみ認められることを定めている。日本の刑事手続きでは、裁判官の勾留決定後も被疑者を警察に拘禁し、取調を続けることができるが、この代用監獄は九条三項に反することが、自由権規約委員会から指摘されてきた。自由権規約によれば、被拘禁者に対する警察拘禁は四八時間以内に制限されるべきである。しかし、日本では、一つの刑事事件について二三日間に及ぶ起訴前勾留が可能であり、この期間を通して捜査機関（警察・検察官）による取調が強制される。取調時間は朝早くから、夜遅くまで継続され、被疑者は取調室から退室できない。そして、ひとつの事件を細分化すれば、このプロセスを繰り返すことで、取調が行われる期間を次々に延長していくことが可能である。

また、起訴前の保釈制度も存在しない。勾留・保釈は、本来は「公判への出頭の確保」の目的に照らして判断されるべきものであるにもかかわらず、日本では、「罪証隠滅のおそれがあること」が、保釈の拒否の理由とされている。組合幹部らについては、彼らの多くは実行行為に参加しておらず、共謀のみで起訴されているが、保釈申請の却下は、共謀についての罪証隠滅の恐れが理由とされている。被拘禁者らに対する自由の拘束は、彼らが犯したとされる犯罪との均衡を欠いており、不必要に長期の拘禁となっている。

「威力」「共謀」の観念は広範に過ぎカテゴリーIの恣意的拘禁に当たる

威力業務妨害罪における「威力」や共犯者訴追の根拠とされる「共謀」の概念は、曖昧かつ広範に過ぎ、カテゴリーIの法的根拠のない拘禁に当たることも主張した。対象者の訴追の根拠とされる威力業務妨害罪（刑法二三四

条）の構成要件は「威力を用いて人の業務を妨害した者」とされている。また、本件で長期勾留されている組合幹部は、事件現場には臨場しておらず、いずれも「共謀共同正犯」として責任を問われている。「共謀共同正犯」については、日本の刑法には明文の規定がなく、最高裁の判例によって認められてきた。共謀共同正犯の成立のためには、「共謀」と「共謀に基づく実行行為」が必要とされるが、共謀は明示的に合意される必要はなく、黙示の合意でも足りるとされている。

このような「威力」、「共謀」などの概念は、いずれもきわめて曖昧で、広汎な概念であり、このような事実がないことを証明することには大きな困難が伴う。曖昧かつ広範に過ぎ、カテゴリーIの法的根拠のない拘禁に当たる。

今後の手続きの進行について

今回の申立の目的は、国連機関をはじめとする国際機関や、海外メディアに事件の内容を知ってもらいたいというところに狙いがある。

申立手続きは二〇一九年七月に行われた。ワーキンググループは、政府に反論を求め、必要があれば、当方に追加情報の提供が求められるという。山城さんの事件では政府の反論提出までに三ヵ月程度を要している。必要があれば、当方にも追加の情報提供の依頼があるらしい。

申立に理由があると認められれば、勧告が発せられる。手続きの進行経過は申立人側にはよくわからないようであるが、政府側からは、関生支部への偏見を煽るような情報も提出される可能性がある。必要と思われる裁判状況や専門家の意見などの情報を追加で提出し、早期の勧告が得られるように努力していきたい。

声明

組合活動に対する信じがたい刑事弾圧を見過ごすことはできない

――関西生コン事件についての労働法学会有志声明

共謀罪のリハーサル!?　ストライキしたら逮捕!?

――全日本建設運輸連帯労働組合関西地区生コン支部弾圧事件
弁護士共同アピール

民主主義の危機です！

――連帯ユニオン関生支部への大弾圧に反対する
自治体議員の声明

組合活動に対する信じがたい刑事弾圧を見過ごすことはできない

関西生コン事件についての労働法学会有志声明

昨年から今年にかけ、大阪・滋賀・京都等の関西地区で、労働組合の委員長を筆頭に、副委員長、書記長、一般組合員などが相次いで逮捕起訴される事件が発生しています。本年七月末日現在で、組合員の逮捕者数は、延べ七七名、起訴者数は延べ五四名にのぼっています。委員長と副委員長は、逮捕五回、勾留期間は一一ヵ月を超えています。一般メディアではほとんど報じられていませんが、本件は、連帯労組（全日本建設運輸連帯労働組合）の関生支部（関西地区生コン支部）の組合活動をめぐる事件であり、労働組合運動を理由とする刑事事件としては、戦後最大規模といえます。

本件で威力業務妨害と恐喝未遂の公訴事実とされているのは、一年以上前の日常的な組合活動です。運転手等の組合員が建設現場で法令の遵守を求める「コンプライアンス活動」も、産業別組合や職業別労働組合にみられる一般的な組合活動です。連帯労組は労働組合法上の労働組合として認められている適格組合ですから、何よりも労働組合の組合活動の正当性の有無の観点から関生支部の組合活動を判断して対応すべきものです。

＊

現在の警察や検察は、組合活動としての正当性の有無を具体的に検証せず、連帯労組の活動を「軽微な違反に因縁をつける」反社会的集団による妨害行為と捉えて対応しているとしか思えません。県によっては、「組織犯罪対策課」が捜査主体となり、一部の裁判所が傍聴人席に遮蔽板まで設置するあり様です。労働者の労働条件の改善を求める行為や法令無視による不公正な競争を防止しようとする組合活動が、当該組合活動の正当性を判断されることもなく、違法行為とされ刑事処罰されるならば、憲法二八 条の労働基本権保障も、労働組合法による組合活動保障も絵に描いた餅になってしまいます。

また、公訴理由では組合役員や組合員の共謀が強調され、当該組合活動に参加していない者も逮捕、起訴されています。一九世紀初頭、コンスピラシー（共謀）を理由に、労働組合運動を弾圧した労働基本権成立史の一コマをみるようでもあります。組織犯罪対策課が捜査主体となって、共謀立証を理由に長期に身柄を拘束するという手法からみると、先に成立した共謀罪法（組織犯罪処罰法）が直接間接に影響を与えているのではないかとも危惧しています。

＊

私たちは、労働法を研究する者として、今回の事件において、警察・検察当局の憲法を無視した恣意的な法執行に強く抗議するとともに、戦後積み上げられてきた組合活動保障を意図的に無視するものとして重大な懸念を表明するものです。警察官や検察官には、憲法遵守義務を負っている公務員として、憲法二八条の団結権・団体行動権の保障、その確認としての労組法一条二項の組合活動の刑事免責を踏まえて、適正な法執行に努めることを強く求めるとともに、裁判官には、労組法上の適格組合に対して、「反社会的集団」との予断をもつことなく、組合活動の正当性の有無を真摯に判断することを求めます。

二〇一九年一二月九日

〈呼び掛け人〉二四人（五十音順）

青野覚（明治大学教授）　浅倉むつ子（早稲田大学名誉教授）　有田謙司（西南学院大学教授）　石井保雄（獨協大学教授）

石田眞（早稲田大学名誉教授）　緒方桂子（南山大学教授）　唐津博（中央大学教授）　毛塚勝利（労働法学研究者）

島田陽一（早稲田大学教授）　角田邦重（中央大学名誉教授）　武井寛（龍谷大学教授）　土田道夫（同志社大学教授）

道幸哲也（北海道大学名誉教授）　名古道功（金沢大学名誉教授）　西谷敏（大阪市立大学名誉教授）

浜村彰（法政大学教授）　深谷信夫（茨城大学名誉教授）　藤本茂（法政大学教授）　三井正信（広島大学教授）

山田省三（中央大学名誉教授）　吉田美喜夫（立命館大学名誉教授）　米津孝司（中央大学教授）

脇田滋（龍谷大学名誉教授）　和田肇（名古屋大学名誉教授）

〈賛同者〉五五人（五十音順）

淺野高宏（北海学園大学法学部教授・弁護士）　阿部和光（久留米大学名誉教授）　新谷眞人（日本大学法学部教授）

井川志郎（山口大学准教授）　遠藤隆久（熊本学園大学教授）　大場敏彦（流通経済大学教授）

大橋範雄（大阪経済大学教授）　大山盛義（日本大学教授）　岡村優希（関西外国語大学助教）

奥貫妃文（相模女子大学准教授）　小俣勝治（青森中央学院大学教授）　勝亦啓文（桐蔭横浜大学教授）

加藤智章（北海道大学大学院法学研究科教授）　金子征史（法政大学名誉教授）　河合塁（岩手大学准教授）

川口美貴（関西大学教授）　菅野淑子（北海道教育大学教授）　倉田原志（立命館大学教授）

小宮文人（専修大学法学研究所客員所員）　近藤昭雄（中央大学名誉教授）　斎藤周（群馬大学教授）

斎藤善久（神戸大学准教授）　榊原嘉明（名古屋経済大学准教授）　笹沼朋子（愛媛大学法文学部講師）

清水敏（早稲田大学名誉教授）　鈴木隆（島根大学教授）　高野敏春（国士舘大学教授）

高橋 賢司（立正大学准教授） 瀧澤 仁唱（桃山学院大学法学部教授） 辻村 昌昭（淑徳大学名誉教授）
所 浩代（福岡大学法学部教授） 内藤 忍（労働政策研究・研修機構副主任研究員） 中島 正雄（京都府立大学教授）
中野 育男（専修大学教授） 長峰 登記夫（法政大学人間環境学部教授） 中村 和夫（静岡大学特任教授）
沼田 雅之（法政大学教授） 野川 忍（明治大学法科大学院専任教授） 濱畑 芳和（立正大学准教授）
原 俊之（明治大学講師） 春田 吉備彦（沖縄大学教授） 日野 勝吾（淑徳大学准教授）
藤井 直子（大妻女子大学専任講師） 藤木 貴史（帝京大学助教） 藤原 稔弘（関西大学教授）
古川 陽二（大東文化大学教授） 細川 良（青山学院大学教授） 松尾 邦之（香川大学名誉教授）
丸山 亜子（宮崎大学地域資源創成学部准教授） 向田 正巳（駒澤大学准教授） 本久 洋一（國學院大學法学部教授）
柳澤 武（名城大学教授） 矢部 恒夫（広島修道大学国際コミュニティ学部教授）
渡辺 章（筑波大学名誉教授） 渡邊 賢（大阪市立大学教授）

（二〇二〇年一月一二日現在）

共謀罪のリハーサル⁉　ストライキしたら逮捕⁉

全日本建設運輸連帯労働組合関西地区生コン支部弾圧事件
弁護士共同アピール

労働組合または労働組合員が行なうストライキやビラまきなどは、正当な組合活動として、憲法二八条とそれを確認し明文化した労働組合法一条二項（刑事免責）、八条（民事免責）で保障された労働者の権利です。

ところが、そうした活動が今、「威力業務妨害」「恐喝未遂」とされ、刑事弾圧が繰り返されています。大手ゼネコンに対抗して中小生コン事業の安定を求めて産別労働組合として行動してきた全日本建設運輸連帯労働組合関西地区生コン支部に対して、滋賀県警察本部、大阪府警察本部による近年まれにみる大掛かりな刑事弾圧が加えられているのです。

二〇一八年八月から現在までに恐喝未遂、威力業務妨害などの事件で逮捕された組合員はのべ六七人に達しており、そのうち四二人が大津地裁、大阪地裁に起訴されています。主な組合役員らについては逮捕、再逮捕が繰り返され、弁護士以外との接見が禁止されたまま、勾留期間は既に一〇か月に及んでいます。

しかも、警察や検察は更なる逮捕、追起訴を予告しており、弾圧が終息する見込みは立っていません。

一連の弾圧は、労働組合をあたかも犯罪集団と同視するかのような偏見に満ちたものであり、労働基本権保障の核心たる刑事免責への重大な挑戦です。しかも担当弁護団の報告によれば、今回の弾圧においては、スマートフォンのデータを押収して共謀を問題として逮捕するなど共謀罪の捜査手法を確立することが意識されているとのことです。

こうした弾圧手法は許されません。憲法、労働組合法の遵守、および刑事捜査の濫用を止めることを求めます。

【よびかけ人】（二三人）

池田賢太〔北海道・弁護士〕
岩下智和〔長野・自由法曹団長野県支部長〕
内田雅敏〔東京・弁護士、戦争をさせない1000人委員会事務局長〕
大江京子〔東京・弁護士〕
太田健義〔大阪・関生支部刑事弾圧弁護団〕
北村栄〔愛知・青年法律家協会弁護士学者合同部会議長〕
戸舘圭之〔東京・青年法律家協会弁護士学者合同部会副議長〕
中谷雄二〔愛知・秘密保護法対策弁護団共同代表〕
西村正治〔東京・弁護士〕
萩尾健太〔東京・対新運転事故防訴訟主任代理人〕
松村啓史〔愛知・弁護士〕
宮里邦雄〔東京・元日本労働弁護団会長〕
位田浩〔大阪・関生支部刑事弾圧弁護団〕
池田直樹〔大阪・大阪社会文化法律センター代表幹事〕
大口昭彦〔東京・関西生コン名誉棄損裁判主任代理人〕
海渡雄一〔東京・共謀罪対策弁護団共同代表〕
里見和夫〔大阪・関生支部刑事弾圧弁護団共同代表〕
中井雅人〔大阪・関生支部刑事弾圧弁護団〕
永嶋靖久〔大阪・関生支部刑事弾圧弁護団共同代表〕
西村武彦〔北海道・北海道障害者人権センター事務局長〕
平岡秀夫〔東京・元法務大臣〕
水野幹男〔愛知・弁護士〕
森博行〔大阪・大阪労働者弁護団代表幹事〕

【賛同人】（一〇六人）

愛須勝也［大阪・弁護士］
相原健吾［神戸・弁護士］
秋山健司［京都・弁護士］
浅野史生［東京・関西生コン名誉棄損裁判弁護団］
虻川高範［秋田・弁護士］
荒川和美［愛知・自由法曹団愛知支部幹事長］
池上遊［福岡・弁護士］
一瀬敬一郎［東京・関西生コン名誉棄損裁判弁護団］
伊藤勤也［愛知・弁護士］
井上啓［神奈川・弁護士］
井上雄基［愛媛・弁護士］
指宿昭一［東京・弁護士］
岩月浩二［愛知・弁護士］
上林惠理子［大阪・弁護士］
上田月子［埼玉・弁護士］
魚住昭三［長崎・弁護士］
鵜飼良昭［神奈川・弁護士］
浦　功［大阪・弁護士］
大江洋一［大阪・弁護士］
大賀浩一［北海道・弁護士］
大橋さゆり［大阪・弁護士］
大山弘通［大阪・弁護士］
大脇雅子［愛知・弁護士］
岡崎敬［東京・弁護士］
小笠原忠彦［山梨・弁護士］
岡田尚［神奈川・弁護士］
小野順子［大阪・弁護士］
海渡双葉［神奈川・秘密保護法対策弁護団事務局次長］
加藤晋介［東京・弁護士］
加藤慎也［東京・弁護士］
金井塚康弘［大阪・弁護士］
冠木克彦［大阪・弁護士］
川上耕［新潟・弁護士］
川津聡［岐阜・弁護士］
川口智也［東京・弁護士］
河村健夫［東京・弁護士］
康由美［大阪・弁護士］
北本修二［大阪・弁護士］
工藤勇行［広島・弁護士］
喜久山大貴［京都・弁護士］
久保木太一［東京・共謀罪対策弁護団事務局次長］
久保木亮介［東京・弁護士］
久堀文［大阪・弁護士］
小島周一［神奈川・日本労働弁護団常任幹事、神奈川労働弁護団副会長］
後藤潤一郎［愛知・東海労働弁護団団長］
在間秀和［大阪・弁護士］

酒田芳人［東京・関西生コン名誉棄損裁判弁護団］
佐藤由紀子［仙台・弁護士］
重村達郎［大阪・弁護士］
清水善朗［岡山・弁護士］
高森裕司［愛知・弁護士］
谷次郎［大阪・弁護士］
田巻紘子［愛知・弁護士］
塚本和也［東京・弁護士］
仲岡しゅん［大阪・弁護士］
中島ふみ［大阪・弁護士］
中村洋二郎［新潟・新潟水俣病共闘会議議長］
裵明玉［愛知・弁護士］
橋本太地［大阪・弁護士］
濵嶌将周［愛知・秘密法と共謀罪に反対する愛知の会共同代表］
林翔太［愛知・弁護士］
廣瀬理夫［千葉・弁護士］
堀金博［徳島・日本労働弁護団常任幹事］
三澤麻衣子［東京・共謀罪対策弁護団事務局長］
宮下萌［東京・弁護士］
澤藤大河［東京・弁護士］
塩見卓也［京都・弁護士］
杉浦ひとみ［東京・弁護士］
武村二三夫［大阪・弁護士］
谷脇和仁［高知・弁護士］
樽井直樹［愛知・東海労働弁護団幹事長］
辻田航［東京・共謀罪対策弁護団事務局次長］
中川拓［長崎・弁護士］
仲松正人［沖縄・弁護士］
萩原繁之［静岡・弁護士］
長谷川直彦［東京・弁護士］
原啓一郎［大阪・弁護士］
星野圭［福岡・弁護士］
武藤糾明［福岡・弁護士］
佐藤真理［奈良・弁護士］
澤藤統一郎［東京・弁護士］
嶋﨑量［神奈川・弁護士］
空野佳弘［大阪・弁護士］
種田和敏［東京・弁護士］
田畑元久［山口・弁護士］
永嶋里枝［大阪・弁護士］
仲松大樹［岐阜・弁護士］
丹羽雅雄［大阪・弁護士］
端野真［広島・弁護士］
林　治［東京・弁護士］
平方かおる［大阪・弁護士］
穂積匡史［神奈川・弁護士］
松本篤周［名古屋・弁護士］
水谷敏彦［富山・弁護士］
村田浩治［大阪・日本労働弁護団常任幹事］

室穂高〔愛知・弁護士〕
山本政明〔東京・弁護士〕
吉田恵美子〔大阪・弁護士〕
脇山美春〔大阪・弁護士〕

山田聡美〔東京・弁護士〕
横地明美〔愛知・弁護士〕
吉田悟〔愛知・弁護士〕

山本志都〔東京・弁護士〕
養父知美〔大阪・弁護士〕
脇山拓〔山形・弁護士〕

（二〇一九年六月一五日現在）

民主主義の危機です！

連帯ユニオン関生支部への大弾圧に反対する自治体議員の声明

全日本建設運輸連帯労働組合関西地区生コン支部（以下「関生支部《かんなま》」）に対する、国家権力による激しい弾圧が続いています。ストライキをしたら「威力業務妨害」、アルバイトの正社員化を要求したり、保育所へ提出する就労証明書の発行を催促すると「強要未遂」といった具合に、全く正当な労働組合活動を「犯罪」にでっち上げ、再逮捕を含め延べ九〇名近くが逮捕され、うち五〇名以上が起訴。委員長・副委員長は再逮捕を繰り返して一年以上にわたり勾留され続けています。憲法二八条によって保障されている労働基本権（団結権、団体交渉権、争議権）を踏みにじるものであり、立憲主義、民主主義を破壊する前代未聞の異様な大弾圧です。

関生支部は、中小企業がほとんどの生コン企業を協同組合に組織し、集団交渉と共同受注によって交渉力を高めることで、ゼネコンやセメント大手による「買い叩き」に対抗。賃金や安全衛生環境など労働条件の大幅な向上を勝ち取るのみならず、基準を超える水を加える「シャブコン」や過積載などの法令違反が横行し、暴力団が暗躍していた業界の近代化にも大きく貢献してきました。また、戦争法制や共謀罪法など悪法の成立を阻止する運動や沖縄の米軍新基地建設反対運動、脱原発の運動など、政治的な課題にも積極的に関わってきました。

その関生支部が、昨夏以来、空前の大弾圧にさらされています。このたびの関生支部への弾圧について、甲南大学名誉教授・熊沢誠氏（労使関係論・社会政策論）は、「およそ民主主義国家の法的な到達点を無視する、常軌を逸した組合つぶしの試みであり、労働運動史でもまれに見る公然たる労働組合運動の否認」だと厳しく指弾しています。また、共謀罪対策弁護団共同代表の海渡雄一弁護士は、「労働組合の日常的な活動の一部を『犯罪』事実として構成し、これに関与した組合員を一網打尽に検挙し、デジタル情報の収集によって関係者間の共謀を立証することで犯罪としようとしている点において、共謀罪型弾圧の大規模な開始を告げるもの」「政治的な系列や労働運動上の方針の違いを乗り越えて、最初に共謀罪型弾圧のターゲットにされた生コン支部を幅広い勢力によって支援することが、弾圧拡大を食い止める上で、決定的に重要」「この弾圧を見過ごしてはならない」と訴えています。

私たち自治体議員は、地域に密着して活動し、時には住民とともに行政に対して異議申し立てもします。関生支部への弾圧は、決して他人事ではありません。このたびの大弾圧を、全ての労働運動・社会運動への弾圧であり、結社の自由や労働組合活動の自由、さらには立憲主義と民主主義の危機であると受け止め、警察・検察に強く抗議するとともに、捜査に名を借りた弾圧を中止し、今なお勾留している組合員をただちに釈放するよう求めるものです。

二〇一九年一〇月

栗原富夫（神戸市議） 井奥雅樹（高砂市議） 大島淡紅子（宝塚市議） 木村真（豊中市議）
佐々木希絵（河南町議） 杉谷伸夫（向日市議） 高橋秀典（神戸市議） 戸田ひさよし（前門真市議）
中西智子（箕面市議） 野々上愛（大阪府議） 山下慶喜（前茨木市議） よつや薫（西宮市議）〈五十音順〉

賛同人一覧（太字は呼びかけ人＝声明の名義人）

〈北海道〉山口たか（元札幌市議）

〈福島県〉蛇石郁子（郡山市議）

〈茨城県〉金子和雄（つくば市議）、杉森弘之（牛久市議）

〈千葉県〉石井としお（長生村議）、伊藤とし子（千葉県議）、稲田としあき（佐倉市議）、大野博美（元千葉県議、前佐倉市議）、佐藤剛（鎌ヶ谷市議）、長南博邦（前野田市議）、藤代政夫（前千葉県議）、山田京子（前千葉市議）、増田薫（松戸市議）

〈東京都〉五十嵐やす子（板橋区議）、伊沢けい子（三鷹市議）、市来伴子（前杉並区議）、市原広子（前狛江市議）、小川ひろみ（国立市議）、奥山たえこ（杉並区議）、片山薫（小金井市議）、けしば誠一（杉並区議）、重松明宏（国立市議）、嶋崎英治（三鷹市議）、新城せつこ（杉並区議）、中村まさ子（江東区議）、奈須りえ（大田区議）、橋本ひさお（小平市議）、福田光一（北区議）、布施由女（清瀬市議）、みずま雪絵（葛飾区議）、森てるお（西東京市議）、山口菊子（前豊島区議）、山本ひとみ（武蔵野市議）、山本洋輔（立川市議）

〈神奈川県〉大波修二（大和市議）、綱島麻美（南足柄市議）

〈長野県〉池田幸代（駒ヶ根市議）

〈静岡県〉大石和央（牧之原市議）、仁杉秀夫（元三島市議）、松谷清（静岡市議）

〈愛知県〉石川翼（安城市議）

〈新潟県〉牧田正樹（上越市議）

〈石川県〉森かずとし（金沢市議）、盛本芳久（石川県議）、山本由起子（金沢市議）

〈三重県〉稲森としなお（三重県議）

〈滋賀県〉是永宙（高島市議）

〈京都府〉佐々木まゆみ（宇治市議）、篠原咲子（元亀岡市議）、**杉谷伸夫**（向日市議）、吉高裕佳子（京田辺市議）

〈大阪府〉池渕佐知子（吹田市議）、五十川有香（吹田市議）、奥野みか（枚方市議）、桂睦子（茨木市議）、川口洋一（高槻市議）、**木村真**（豊中市議）、熊野以素（前豊中市議）、小山広明（前泉南市議）、小林美智子（茨木市議）、酒井弘行（前豊中市議）、**佐々木希絵**（河南町議）、手塚隆寛（前枚方市議）、遠矢家永子（高槻市議）、**戸田ひさよし**（前門真市議）、戸田靖子（島本町議）、中田みどり（島本町議）、**中西智子**（箕面市議）、西川あり（八尾市議）、野村いくよ（枚方市議）、**野々上愛**（大阪府議）、高木隆太（高槻市議）、高橋登（泉大津市議）、西川たけお（元吹田市議）、長谷川俊英（堺市議）、平野かおる（前島本町議）、二木洋子（元高槻市議）、牧野直子（元箕面市議）、増田京子（箕面市議）、森岡秀幸（元箕面市議）、森本信之（高槻市議）、**山下慶喜**（前茨木市議）、山敷恵（高石市議）

〈奈良県〉阪本みちこ（奈良市議）

〈兵庫県〉**栗原富夫**（神戸市議）、**井奥雅樹**（高砂市議）、池田いつ子（稲美町議）、一色風子（西宮市議）、**大島淡紅子**（宝塚市議）、大津留求（伊丹市議）、岡るみ（川西市議）、川口じゅん（宝塚市議）、北上哲仁（兵庫県議）、梶川美佐男（宝塚市議）、小林るみ子（神戸市議）、酒井一（尼崎市議）、高塚ばんこ（伊丹市議）、高橋あこ（伊丹市議）、**高橋秀典**（神戸市議）、つづき徳昭（尼崎市議）、谷正充（川西市議）、永井俊作（元明石市議）、丸尾牧（兵庫県議）、村井正信（西脇市議）、保田憲司（伊丹市議）、山崎けんいち（尼崎市議）、山薗有里（伊丹市議）、**よつや薫**（西宮市議）、綿瀬和人（尼崎市議）

〈和歌山県〉尾和弘一（岩出市議）

〈岡山県〉太田啓輔（和気町議）、鬼木のぞみ（岡山市議）、羽場頼三郎（岡山市議）、光吉準（鏡野町議）、山崎誠（吉備中央町）

〈香川県〉米田晴彦（香川県議）
〈徳島県〉天羽強（三好市議）
〈愛媛県〉高橋章哲（西条市議）
〈高知県〉坂本茂雄（高知県議）
〈福岡県〉荒木龍昇（福岡市議）、松崎百合子（大野城市議）
〈熊本県〉神田公司（前合志市議）
〈鹿児島県〉小川みさ子（鹿児島市議）、和田香穂里（西表市議）

呼びかけ人（声明の名義人）一二名、賛同人一一二名　府県議九名（七府県）、市区町議一一二名（二三都道府県、七七市区町村）　現職一〇一名、前・元職二三名

（二〇一九年一一月二日現在）

特別対談

関西生コン弾圧はなぜ起きたのか？

希薄化する働く人の権利意識

鎌田 慧［ルポライター］×竹信三恵子［ジャーナリスト］

労働運動が長らく存在しなかったことが背景にある

竹信　この事件はとても異様な事件ですよね。ビラをまいたり労使交渉をしたりしただけで、延べ八〇人近くが逮捕された、ということ聞いたとき、私は、聞き間違いか、自分の妄想か、と思ったくらいです。

このようなことを防ぐために労使交渉が労働基本権として認められているわけですし、ビラまきや労使交渉は私の世代は普通に参加していました。延べ人数ではありますが、それで四〇人学級の二クラス分が逮捕されちゃうって、どこの国の話？と思います。

鎌田　長い間、労働運動が低迷していたことが、この事件の背景にあります。竹信さんがハーバー・

ビジネス・オンラインで書いていますが（七月二二日付）、関西生コン事件のひとつ、加茂生コン事件について、京都新聞では六月一九日に「正社員として雇用するよう不当に要求した疑い」と報じられていました。こうした報道からわかるように、新聞記者にさえ「労働者の権利」という意識が全くなくなっています。

八〇年代まではストライキや春闘がありましたし、労働者がデモ行進することも日常的でした。春闘では、赤旗が町のいたるところに掲げられていました。こうした光景が異様なものに感じられるほど、運動が後退してしまったんです。ですから、何かを要求したり、現状を変えていこうということが、反社会的で不当なことだと認識されてしまっている。

非正規で働く人たちの労働運動は、企業別組合ではなく、産業別組合や個人加盟の組合でやるしかありません。しかし二〇〇八年の年末から二〇〇九年の正月にかけて行われた年越し派遣村のあと、もう一〇年近くそうした運動が組織されなくなった。こうしたことが、労働者の権利を守る労働運動が、不当に見られるようになったことの背景にあります。

竹信

働く人の権利に対する意識が希薄化している

私は今年三月まで大学で講義をしていたのですが、多くの学生たちが「労働組合ってどこにあるんですか」、「ストライキやデモを見たことがない」と言うんですね。

そもそも労働基準法についても勘違いしている学生がいます。あるとき、学生に「労基法があるから早く帰れないんですよね」と言われたんですよ。その学生は、労基法に〝一日八時間は働け〟と書いてあるから早く帰れないのであって、法律がなければ六時間で帰れると思っていたようなんです。

鎌田　「それは、会社は八時間までしか働かせちゃいけない、というルールだから、六時間でも帰れるんだよ」と言ったら、でも、みんな八時間を超えて残業しているじゃないですか、と言う。確かに、現状を見る限り八時間が最低時間みたいになっていますからね。

労基法が働く人を守るためのルールだということすら理解されていないんです。働き手のためのルールを守らせる労働運動が弱まった結果、労基法は会社が働かせるためのルールだという逆転した認識になっている。

鎌田　働く人には人権があります。人間的な生活をするために、労働時間は規制されているし、不当な解雇はできないようになった。世界的な運動がつくりだしてきた権利ですが、その規範が見えなくなってきた。

会社に籠城しても警察は介入しなかった

鎌田　一九五〇年代後半のことですが、僕が一〇代の頃、印刷・製本労働者の全印総連（全国印刷出版産業労働組合総連合会）の個人加盟の組合を結成しました。社長が労働組合を嫌って、正月に偽装倒産・全員解雇の内容証明を送って来て。会社に行ったら、玄関が閉まっていたんです。

そこで労働者たちは、ガラス戸を割って、鍵を開けて中に入って、籠城し始めたんですよね。

それでも警察は介入できないんですよ。労働争議には、警察は干渉できない。だから七五日間籠城して、寝泊りして、炊き出しやって、ピケを張り、応援の労働者が来ました。社長の家を探して、家の周囲に「負けられません勝つまでは」なんてステッカーを貼ったり。それでももちろん逮捕なんてされませんでした。

一九五四年には一〇五日間に渡る近江絹糸争議（※）がありました。このあと中小企業の労働争議が頻発し、五九年から三井三池炭鉱の大争議がありました。暴力団が介入して、トラブルにならないと警察が弾圧することはありませんでした。会社が作った第二組合と衝突したときなど、たとえ第二組合が悪くても、第一組合を逮捕するといった場合にしか警察は出てきませんでした。団結権、争議権は憲法で保障されています。

（※近江絹糸紡績の大阪本社で、組合員らが仏教の強制や私物検査などに反対してストライキに突入した。）

でも今は籠城なんてしたらすぐに警察が介入するでしょうね。それは警察が独自に行動するようになったんだと思います。以前は、経営者側から弾圧するよう要求があって弾圧していた。今は警察も力を持つよう意識していて、独自に判断してやっているんじゃないでしょうか。

しかも関西生コン事件の場合は、目の前で起きていることに対して現行犯で逮捕したわけではありません。過去のことを持ち出して逮捕しているわけです。

今後も警察が同じようなことを続ければ、労働者の権利である団結権や争議権に対する侵害が極端に進む恐れがあります。昔は団体交渉で靴を脱いでテーブルをガンガンと叩くと賃金が三万円くらい上がったんですよ。本来、団体交渉ではそれくらいやってもいいはずなのに、今ではそれを「恐喝」にされてしまう危険性がある。

新自由主義改革で人間観が覆されてしまった

竹信　私は新聞記者出身で、一九八〇年代初頭ごろまで地方支局で警察取材も担当しましたが、警察もそのころは、組合員が実際に手を出すのを待って、と言うと語弊があるかもしれませんが、まあ、割と慎重に見極めたうえで捜査や逮捕に入るくらいの注意は払っていたように思います。今回は、そうした実際の暴力行為ではなく、ストの「計画」に参加したかとか、頭の中で起きたことを理由に逮捕している。一連の逮捕容疑を見ると、「暴行」とかは一件もなく、「恐喝」と「威力業務妨害」ですよね。要するに、口だけの話です。それであんなにごっそり逮捕できてしまうんだと思うと、私のように口や頭で勝負しようとしてきた人間にはショックです。

背景には、社会の中で、このような権力の恣意的な解釈を監視したり、押し返したりする圧力が減退しているのだと感じます。なぜそうなってしまったのか、いろいろ考えてみたのですが、そこでひとつ見えてきたのは、今の若い世代が育ってきた文化環境です。

大学教員として接してきた学生たちの個人史を考えてみると、彼らは「小泉構造改革」が行われた二〇〇一～二〇〇六年前後に生まれたり、小学校に入ったりしているんです。要するに、新自由主義改革が社会を覆い尽くし、「小さな政府」の下で自己責任主義が定着していった時代です。二〇〇六年には、教育基本法が改定され、〝国や郷土を愛せよ〟〝公共の精神を尊べ〟という思考を管理する文言が入ってくるわけで、「社会の責任」とか「権力に介入されない人権」などといったことを公式に聞く機会がないのではないかと思います。

鎌田　竹信さんがおっしゃったように、教育基本法の改悪で、教育に対する支配が進んだというのも大きな原因の一つでしょう。

以前は、教員が皆ストライキをして、昼間に学校からいなくなっていました。僕たちもそれを見て育ったし、保護者もそれに文句を言うことはなかった。でも今は教師が何かしたら、すぐに保護者が口を挟みますよね。結局、相手の権利を尊重する意識がなくなっているんですよ。大きい声を出したり、行動で要求を示したりすることが、恐喝や暴力としてとらえられてしまっている。生存するための正当な主張が受け入れられなくなってきている。

多くの人が自分の権利に鈍感で、相手の権利を尊重する意識を失ったことが事件の背景にあります。警察も独自の権力を強化したい。この問題は、今後他の地域にも波及してくる危険がありますよ。

竹信　私は、新自由主義によって人間観が変わったんだと思うんです。一九七〇年代くらいまでは、実体を伴っていないかもしれなくても、「人には、ただ存在しているだけで生きている権利がある」というのがなんとなく、建前としてありました。労組の組織率がまだ三割はあり、「主婦連」とか、個人がそれぞれの属性でつながる組織活動が、あちこちにありました。そうした中で、他人からの承認や一応の居場所の確認ができ、それが「特別に価値をつけなくても生きていればいいんじゃないの」といった人間観を支えていたように思います。

しかし今は人々が「どれだけの商品価値があるのか」という価値観だけで競わされてしまっている。そこでは、「人としての権利」でなく「企業にどれだけのものを提供できる人間なのか」が幅を利かせます。そうした中で生きている一般の人たちは、権利を守ろうとする動きである社会運動に対して「何やってんの?」と感じてしまう。そういう人権意識の弱まりに付け込む形で、警察が介入してきているんだと思います。

鎌田　「権力に抵抗するのは犯罪だ」という価値観が蔓延してきています。「従うのが一番いい」という空気が醸成されてしまっている。しかし嫌なら嫌と主張し、抵抗していかなければ人間の尊厳を守ることはできません。

運動の周辺にある「世論」というのはとても大切だと思います。例えば、沖縄の反基地闘争の現場でも、沖縄県出身の警官はそこまで荒っぽいことをしていないのではないですか。一方、本土から派遣された機動隊員は、抗議する市民に「土人」などと罵倒していましたね。

沖縄には、反基地闘争に賛成したり、加わったりしないまでも、それに対して理解を示す世論があるんです。それが運動を守ることにつながっている。しかし日本社会では自分の権利意識も失われ、運動が守られなくなっている。

労働組合の組織率が低下し続けている

鎌田　労働組合の組織率が一七％にまで落ち込んでいて、ほとんどの労働者が組織されていないのが現状です。働く人は、「労働者の学校」というべき、労働組合に加入した経験がないんですよね。

そのわずかに組織された人々ですら分裂してしまっている。連合の中でも、自治労や日教組が原発ゼロを掲げる一方、電力関連産業で働く人たちの組合である電力総連は原発の再稼働を求めています。それぞれが支援する政党も立憲民主党と国民民主党に二分されてしまっている。

以前は、露骨な自分たちの利益を守るためだけの労働組合ではなかったはずです。そうした状態が一般の人たちの労組への冷めた目につながっているのかもしれません。

竹信　組合員の数そのものは横ばいから微減傾向程度にとどまっているのに、組織率が下がり続けているのは、新しく増えた働き手たちが労組に入れていないからです。たとえば、働き手の五人に二人近くにまで増えた非正規雇用の労働者はほとんど組織されていない。組織率が低いうえに、そこに入っている人たちの多くが大手企業の正社員たちです。この人たちは非正社員を管理する側だったりするんですよね。本来の労組のユーザーであるはずの、一線で厳しい仕事を担う働き手が、まとまって声を上げる場所ができていないんです。

「労働者」って、ただ働いている人、というのではなく、労組などに支えられて学び、自分で考え、雇う側に対して臆せずモノを言えるようになった人のことだと思うんですよ。そうした場が縮小したため、人間が組織を生かして動くためのノウハウを知っている人も激減しつつあるのではないかとも感じます。

何かを成し遂げるためには、決められた日までに決めたことをやっておく力や、自分たちの言い分をちらしなどで宣伝する力など、束になって動ける訓練も必要です。それらを自主的に、会社の命令でなく身に着けていく教育の場がなくなってしまったので、社会運動をやろうという人たちですら、そういった力が弱まっており、物事を進められない。これは、実は会社にもマイナスのはずです。働き手の自主性をつぶしすぎた結果ですね。

北海道・夕張に調査に学生と出かけ、炭鉱労働者だった語り部的な男性に話を聞いたら、文学からソーシャルダンスまで、全部、組合活動の中で学んだと言っていました。「現場で何かあったら自分でなんとか工夫する。それが労働者」と彼がいうのを聞いて、男子学生が「かっこいい！　僕らのお父さんとかには、そういう感じがない」というのです。このように、労働組合は人々を教育する役割を担っていたんだと思います。

労働組合が弱まり、社会がこのような機能を失ってしまったことが、連帯ストが打てないことの遠因にもなっているのでは、と薄気味の悪さを感じます。

鎌田　労働組合の文化運動は日本の社会の草の根としてあったわけです。大きい組合や産業別組合には、機関紙や機関誌がありました。支部や分会の新聞もありましたし、そうした教宣活動が盛んだったのです。文学雑誌もそれぞれ、全逓、全電通、国労、動労、日教組、自治労とあって、末端まで文学サークルがあってそれぞれ機関誌があったわけです。

それから労働組合でレクリエーションもしていました。しかし組合の文化活動もレクリエーションも全て企業に吸収されていったわけです。

また、高度経済成長期には、労働組合が中央一括方式で交渉していたので、下部は何もしなくても賃金が上がったんですよ。ただ下部は日常的に何もしなくてよかったので、運動が崩壊してしまったんです。それもあって文化活動もなくなっていってしまった。

サークル活動もないから、日曜日に集まるということもなくなってしまい、企業のQC活動に取って代わられてしまいました。労働組合の組織が会社の組織に変えられるというのがずっと進んできました。積み上げられてきた労働組合による教育が機能しなくなってしまったんです。今でも文化運動が残っているのは、私鉄総連や日教組、自治労くらいでしょうか。

働き方改革法案と関生の弾圧

竹信　働き方改革関連法は、一つの象徴だと思います。一日の労働時間は八時間までというのが国際原則は、人間が人間らしく暮らすために、労働運動が勝ち取ってきたものです。これまでの労基法の労働時間規制は、これだけでした。

ところが「改革」では、労使協定を結べば特例として、「過労死ライン」ぎりぎりの月一〇〇時間未満まで残業させていい、と労基法に書き加えてしまった。あまり意識されていないようですが、「人間らしく働ける労働者」から「死ぬ寸前まで働かせていい生産の道具」への大転換が行われた気がします。一定の業務と年収の社員なら労働時間の規制から外されてしまう高度プロフェッショナル制度についてもそうです。

「同一労働同一賃金」についても、最高裁で非正規労働者にも手当が認められた、と騒がれていますが、あの仕組みでは基本給の是正はほぼ無理です。長澤運輸訴訟の最高裁判決では、まったく同じ仕事で定年になったとたんに賃金が下げられたことについて、不合理ではないとされてしまいました。「やった仕事」について客観的に比較するものさしをつくることで、会社側の差別や偏見を是正するのが国際的な基準ですが、働き方改革では、会社側の仕事への判断権や裁量権を大幅に認めてしまっているので、基本給の差別を是正しにくく、判断にかかわりない手当などでないと是正できない仕組みなってしまった。

また、関生事件は、労使交渉の権利を保障した労働三権を、「恐喝で逮捕」といった形の読み変えによってチャラにしようとしている。みんな振り出し、ここからやり直す、という決意が必要ですね。

鎌田　同一労働同一賃金という言い方も危ないですよね。一体、どこに統一するのかという論点がこれから出てくるわけです。「非正規」という言い方をせぬよう、などと菅官房長官が言ってます。

竹信　低い非正規の賃金水準に統一されていかないよう、監視しないといけないですね。

「勝つためには異論があっても連帯する必要がある」

鎌田　やはり社会全体に「抵抗する」という思想がなくなっているんだと思います。「造反有理」という言葉がありますが、今は「造反」すると潰されてしまいます。辺野古移設に抗議していた山城博治さん（※）は五か月も拘留されていました。

（※米軍普天間飛行場の名護市辺野古への移設に抗議し、器物損壊などの罪に問われた。山城さんへの拘留に対し、国連は「恣意的な拘束」に当たり、国際人権規約違反だとする見解を示している。）

現在、圧倒的な攻勢が来ています。裁判所や警察は権力を強化して主導権を握ろうとしている。私たちはどう抵抗していけばいいのでしょうか。やはり小さな規模でもいいので、まとまってお互いに支えあっていくしかありません。個々人が信頼し合って、労働者の集団を作り、そこに市民も入っていく。それを各地で作って、つながっていく必要があります。

今の状況を変えていくためには、かつてのように、対立している場合ではありません。共産党は「自分たちこそが前衛」だと考え、他の人々にレッテルを貼って排除してきました。新左翼の党派である中核派や革マル派も、自分たちとは異なる人々を排除して内ゲバまでになった。今の状況を変えるためには、異論があっても連帯して、とにかく一緒にやっていく広い心が必要となっています。
今、国民民主党が立憲民主党に統一会派の結成を呼び掛けていますが、原発問題がネックになっていますね。でもこんな風に分裂している場合ではありません。

竹信　リベラル陣営の中での対立が激しくて、何かをやろうとしても、別の人たちから叩かれてしまう。どこかの団体に所属すると、別の団体から批判されるから、運動もやりにくくなってしまう。
私たちは、非正規公務員の女性たちの待遇問題をテーマにしたシンポジウムを九月二二日に開催する予定です。非正規の公務員は、四分の三が女性なんですよ。おそらくそこに、何らかの〈差別〉がある。ここでも、男性を排除して女性だけ固まるのは運動を分断するという声をよく聞きますが、声を出しにくい立場にある当事者は、まずは当事者だけで話し合って、互いの連帯を確かめないと、モノが言えなくなってしまう面もあるのです。

鎌田　排除するのではなく、いろんな人を入れていく。異論に耳を傾けるという姿勢が必要です。それなのに市民運動もセクト化して新しい人に冷たかったり、意識が低いといってすぐに排除してしまったりする。
勝つためにはどうすればいいのかということを考えなければなりません。韓国や香港、台湾は、それなりの統一闘争の成果が出ています。日本は一人一人が個人として結びつく運動が弱いと思います。

竹信　反ナチ活動で知られたニーメラーという牧師が、こんなことを言っています。共産主義者から社会民主主義者、労働組合員、ユダヤ人とナチの弾圧の対象が広がっていったとき、そのつど、自分はそうした人たちではないからと知らん顔し続け、最後に自分のところに弾圧が及んだ時、自分のために声を上げてくれる人はだれもいなくなっていた、というのです。現在、リベラルなものを排除しようという動きがあちこちで出てきています。例えば、右派の議員が、政府の助成を受けたフェミニズム研究について、「反日」などと中傷したとして、大阪大学の牟田和恵教授らが名誉を傷つけられたとして損害賠償請求の訴訟を起こしています。

関生への弾圧、辺野古の反基地活動家の逮捕、フェミ科研費への名誉棄損。いずれも攻撃のされ方には共通点があります。人間の自由や尊厳を奪われないために、ニーメラーの教訓を生かし、それぞれの運動がつながっていく必要があると思います。

〈構成・注／中垣内麻衣子〉

（ハーバー・ビジネス・オンライン二〇一九年九月二六日・二七日より転載させていただきました。）

[編著者紹介]

連帯ユニオン（正式名称：全日本建設運輸連帯労働組合）

葛西映子（かさい・えいこ）
漫画家。『ヘイトスピーチって知ってる?』、『ストライキしたら逮捕されまくったけどそれってどうなの?』など

北 健一（きた・けんいち）
ジャーナリスト。著書に『電通事件』『コンビニオーナーになってはいけない』（旬報社）、『その印鑑、押してはいけない』（朝日新聞社）など。

小谷野毅（こやの・たけし）
全日本建設運輸連帯労働組合書記長。

宮里邦雄（みやざと・くにお）
弁護士。元日本労働弁護団会長。著書に『労働委員会』『労働組合のための労働法』（労働教育センター）、『労働法実務解説 12　不当労働行為と救済』（旬報社）など。

熊沢 誠（くまざわ・まこと）
甲南大学名誉教授。著書に『新編・日本の労働者像』(ちくま学芸文庫)、『能力主義と企業社会』『格差社会ニッポンで働くということ』『働きすぎに斃れて』『労働組合運動とはなにか』(岩波書店) など。

海渡雄一（かいど・ゆういち）
弁護士。日本弁護士連合会秘密保護法対策本部副本部長・共謀罪法対策本部副本部長、秘密保護法対策弁護団共同代表。著書に『秘密保護法　何が問題か』『共謀罪とは何か』（岩波書店）など。

鎌田　慧（かまた・さとし）
ルポライター。著書に『自動車絶望工場』『反骨 鈴木東民の生涯』『六ケ所村の記録』（講談社）、『鎌田慧の記録 全 6 巻』『狭山事件の真実』『戦争はさせない』（岩波書店）、『反国家のちから』（七つ森書館）など。

竹信三恵子（たけのぶ・みえこ）
ジャーナリスト、和光大学名誉教授、元朝日新聞記者。著書に『ルポ雇用劣化不況』『企業ファースト化する日本』（岩波書店）、『ルポ賃金差別』（筑摩書房）、『正社員消滅』（朝日新聞出版）など。

労働組合やめろって警察に言われたんだけどそれってどうなの？（憲法28条があるのに…）

2020年3月10日 初版第1刷発行

編者――――連帯ユニオン

著者――――葛西映子・北 健一・小谷野毅・宮里邦雄・熊沢 誠・海渡雄一・鎌田 慧・竹信三恵子

発行者――――木内洋育

発行所――――株式会社旬報社
〒162-0041
東京都新宿区早稲田鶴巻町544
電話 03-5579-8973
FAX 03-5579-8975
ホームページ http://www.junposha.com/

装丁・DTP aTELIa
印刷・製本 中央精版印刷株式会社

ISBN978-4-8451-1626-3

ストライキしたら逮捕されまくったけど それってどうなの?(労働組合なのに…)

ストライキは憲法28条で保障された労働者の権利である

編著　連帯ユニオン

小谷野毅　葛西映子　安田浩一　里見和夫　永嶋靖久

組合側の要求はひとことでいえば「約束を守れ」ということである。約束を守れと要求する労働組合側が悪者で、約束をふみにじった大阪広域協組が正義であるかのように仕立て上げられたストーリー。そして、警察による一連の弾圧の本質は、産業別労働運動への弾圧である(本文より一部抜粋)。労働組合はなぜレイシストに攻撃されているのか、労働組合と協同組合がなぜ対立しているのか、なぜこんなに逮捕者が出ているのか……問題の焦点を徹底解説！

マンガでわかりやすく解説！

書籍情報

出版年　2019年1月30日
ISBN　978-4-8451-1561-7／C0036
判型・ページ数 A5判・148ページ
定価　本体1,200円+税